Diseñados para el éxito

Isaac Gamaliel Rangel

Diseñados para el éxito

por Isaac Gamaliel Rangel

ISBN: 978-1-942991-79-3

Publicado por
Editorial RENUEVO

www.EditorialRenuevo.com
info@EditorialRenuevo.com

CONTENIDO

INTRODUCCIÓN

Por el diseño se conocen las funciones de cada elemento de la naturaleza, ya sea del reino animal, vegetal o mineral; cada uno de ellos tiene un desempeño específico para la armonía y equilibrio de nuestro planeta. Hemos aprendido a identificar los beneficios del diseño de cada elemento para aprovechar al máximo cada recurso *y por sus propias características, le hemos dado una asignación*.

Comemos lo que consideramos más nutritivo, vestimos con las ropas que consideramos las más adecuadas, al igual que construimos nuestras casas con los materiales que las hacen más fuertes y funcionales, siguiendo un patrón fundamental, tanto primitivo como ancestral, de supervivencia: casa, vestido y sustento.

Estamos en la búsqueda constante del mejor aprovechamiento de cada recurso, con el fin de mejorar nuestro bienestar general y estilo de vida, intentando dar a cada recurso el uso que corresponde a las bondades que nos ofrece.

Por esa razón, un sabio hace notar que incluso los animales tienen una asignación específica por su propio diseño y nos hace la siguiente pregunta:

> ***¿Querrá el búfalo servirte a ti o quedar en tu pesebre?***
> ***¿Atarás tú al búfalo con coyunda para el surco?***
> ***¿Labrará los valles en pos de ti?***
>
> (Job 39.9–10)

¡Por supuesto que no! porque la virtud del

búfalo no es la mansedumbre. Este animal fue creado con una mente indomable: No pierdas tu tiempo y dinero tratando de domesticarlo, porque no lo permitirá.

Por otro lado, animales como el caballo—que es físicamente fuerte e imponente, con ese relincho y golpeteo de la tierra como si fuera el más valiente para la guerra— pensaríamos que no se pueden dominar. No obstante, a pesar de su apariencia, con un poco de esfuerzo se doman y terminan jalando una carreta o siendo guiados por su jinete. Eso nos hace entender que el caballo es un animal domesticable, a diferencia del búfalo.

Por lo tanto, al entender que, por su naturaleza, a cada recurso natural le damos su asignación, concluimos que no la decidimos nosotros; sino que según sus características y bondades es la utilidad que pueden brindarnos.

Ahora, sí entendemos con facilidad porqué se han usado camellos para atravesar los desiertos: Su diseño es ser domesticable, de gran resistencia al calor y con un depósito natural de agua en su joroba.

Por lo tanto, no necesitaríamos muchos ejemplos para entender que cada animal nos es más útil que otro simplemente por sus ventajas comparativas de diseño. No se busca tratar de transformar a un elefante en camello para que nos preste un servicio en las travesías a través del desierto, sino que buscamos su utilidad, según su propio diseño.

También preferimos los alimentos por su sabor y aporte nutritivo. Nos nutrimos de vegetales y frutos, debido a su conveniencia nutricional o medicinal.

Todo es asunto de entender que el diseño y composición de las cosas define sus funciones o su asignación.

Lo mismo ocurre con las herramientas de trabajo o equipos de oficina, que han sido diseñados con cierta forma, funciones, peso, tamaño y demás características para darnos un servicio específico.

De este análisis surge una pregunta:

¿Para qué fue creado el ser humano según su propio diseño?

¿Te has preguntado para qué fuiste diseñado como ser humano? ¿Con qué potencial naciste? Es decir: ¿Qué puedes llegar a ser?

En primer lugar, debo establecer que no fuimos diseñados para ser animales de carga porque para eso fueron diseñadas algunas especies animales. No fuimos diseñados para soportar sed por muchos días—para eso está el camello. No fuimos diseñados para dormir todo el día— para eso están los osos que hibernan por cierto tiempo porque ese es su diseño original.

Es verdad que a través de la historia, hemos visto, repetidamente, casos en los que el ser humano ha sido tratado y utilizado como un animal, pero eso no significa que sea nuestro diseño original, significa un accidente—como tantos—en la historia de la humanidad.

Hemos visto al hombre peleando y matándose entre sí, mas tampoco eso demuestra que hayamos sido diseñados para ese fin. El hecho de que la historia nos dé información de que el hombre ha actuado como animal o cometido asesinatos hacia su propia especie, no significa que hayamos sido diseñados para eso. Que culturalmente se haya oprimido a la mujer y se le haya dado un trato inferior, no significa que la mujer haya sido diseñada para ello.

Entonces, ¿para qué fuimos diseñados? Es un pensamiento que causa confusión, porque tanto nuestros padres como nosotros mismos hemos actuado de muchas maneras incorrectas. Sin embargo, aun con eso, no fuimos diseñados para actuar de forma destructiva y abusiva, al igual que un cuchillo, cuyo diseño original es para brindar múltiples servicios al hombre se ha mal utilizado para herir a las personas. Así también el ser humano ha desempeñado funciones incorrectas.

Debemos encontrar «para qué fuimos diseñados», no «en qué hemos servido»

Muchas personas al preguntarles cuál es su oficio, responden: «Sé trabajar en esto... »—lo cual es cierto—pero debes empezar a entender que en eso has servido o trabajado, pero no es lo único que puedes lograr o lo único en lo que puedes trabajar.

El hecho de que hasta este día sólo has trabajado con una pala, podadora, escoba, brocha o como un empleado no debe ser tu elemento base para pensar que sólo en eso puedas ser una persona productiva.

Ciertamente, en eso has servido, pero fuiste diseñado para mucho más, y con esa meta en mente escribí este libro y avanzaré hasta demostrarte que fuimos diseñados para el éxito permanente, y te enseñaré cómo lograrlo. Por lo tanto, empecemos a conocer *para qué fuimos diseñados*.

El libro escrito más antiguo de la humanidad nos dice que fuimos diseñados para: *«Señorear»*.

Entender esto puede ser tan sencillo como

lo siguiente: El ingeniero diseñador de un teléfono celular define las funciones y aplicaciones que ese equipo va a desempeñar antes de fabricarlo.

De igual modo, desde el vientre de nuestra madre se definieron las funciones o capacidades que tendríamos antes de nuestro nacimiento, como la capacidad de hablar, con la cual ya nacemos; sólo hay que aprender a hacerlo y, además, estás diseñado para aprender cualquier otro idioma.

En el diseño de cada ser que se forma en el vientre de su madre no solo hay órganos vitales, sino también funciones que son las que nos hacen suigéneris como lo es el contar con cinco sentidos que nos convierten en el ser más maravilloso y perfecto de la creación. Cada uno de nosotros viene configurado y diseñado con un potencial extraordinario e ilimitado. Contamos con un cerebro con funciones ilimitadas para lograr lo que nuestra mente se atreve a soñar, es decir, la creatividad e iniciativa están en nosotros.

¿Todo eso para qué? Para que seamos líderes, jefes, patrones, constructores, conquistadores, dueños, directores, gerentes, para estar a la cabeza y conquistar el éxito y la victoria.

La realidad: Mi primer enemigo

Todo lo que acabo de mencionar para algunos parecerá irreal porque, por otro lado, existe un enemigo llamado *realidad,* la cual con voz alta nos dice: «Mírate y reconoce que tú no naciste para ser grande. Tienes deudas, problemas, tristeza, amargura, soledad, demandas y muchos otros problemas».

Más yo te digo: No importa tu *realidad*. Lo que importa es tu *potencial*. Te voy a ayudar a ser *aquello para lo que fuiste diseñado*. Te voy ayudar a modificarte a ti mismo, porque ciertamente fuimos diseñados para el éxito, solo que necesitamos formación mental para lograrlo. Es decir:

Tenemos que aprender a ser exitosos

No te dejes convencer, ni detener por la «voz» de la realidad. Para que puedas modificar tu futuro dile a tu realidad:

Mis sueños serán más grandes que mis recuerdos

Finalmente, en una balanza, el lado más pesado tiende a ganar, por eso:

Avancemos para que tu futuro crezca a tal envergadura que venza el lado llamado realidad

CAPÍTULO 1

El Éxito: Una reconfiguración mental

El Éxito: Una reconfiguración mental

Sí, entiendo que tu realidad anuncia fracaso, pero también comprendo que tu diseño con una nueva reconfiguración mental de fe anunciará éxito. No se trata de cambiar tu realidad; se trata de cambiar tu mentalidad, de reconfigurar tus pensamientos, porque en este momento *tu realidad es producto de tu capacidad actual*.

Por tanto, cuando modifiques tu mentalidad y eleves tu capacidad, tu *realidad empezará a cambiar*. Recuerda que en una balanza, gana el lado más pesado.

El violín

Algunos de nosotros somos como aquel violín viejo que fue subastado y nadie del público ofrecía una oferta por él.

En ese momento, un anciano se levantó, afinó el violín e interpretó una melodía de manera majestuosa. Fue entonces que al público le pareció atractivo aquel viejo violín y se vendió en una suma sorprendente.

Asimismo, muchos no te valoran, pero este libro afinará tu manera de pensar, hablar y actuar. Por consiguiente, cuando vean tu cambio aquéllos que en el pasado no te valoraban, desearán ser tus amigos y escuchar lo que dices.

Revisemos qué conceptos guardamos en la conciencia

La mente se alimenta al igual que el estómago.

Ambos se nutren. El estómago se alimenta de lo que ingerimos por la boca, y la mente se alimenta de lo que oye y lo que ve.

La diferencia entre el cuerpo y la mente consiste en que nuestro cuerpo físico *sí* está preparado para automáticamente rechazar los alimentos en proceso de descomposición que hemos comido. No necesita que lo motivemos para eso, porque fuimos diseñados con un sistema automático de rechazo y expulsión inmediata para proteger nuestra vida y salud.

Éste mecanismo es igual al del estornudo, el cual es una reacción involuntaria que exhala aire a 95 kilómetros por hora para expulsar partículas extrañas de la nariz y garganta.

La desventaja de la mente es que no cuenta con un sistema de rechazo automatizado hacia lo dañino que entra en ella como el estómago o la garganta. Nuestra mente se alimenta con información positiva (verdadera) que nos motiva y nos hace mejores personas, pero también la hemos alimentado con información falsa (mentiras) o pesimista (negativa) y luego nos enfermamos de estrés, *porque la mente no tiene un sistema natural y automatizado para desechar lo negativo como lo hace el estómago.*

La mente sólo puede mostrar síntomas de que la estamos alimentando mal, pero no va a desechar esa información automáticamente. Me refiero a esas *palabras* de mentira y pesimismo que has escuchado de tus amigos y aún de tus propios padres, tales como:

1. Que no naciste para el éxito

2. Que eres un fracasado

3. Que eres un inútil, bueno para nada

4. Que tú nunca vas a lograr algo grande

5. Que eres un burro; un estúpido

6. Que como no estudiaste, nunca vas a tener éxito

7. Que naciste pobre y pobre vas morir

Ese tipo de palabras las «ingeriste» cuando las oíste y ahora te las repites a ti mismo pensando: «Es cierto, soy un fracasado» y no rechazas estas palabras negativas porque se les une la voz de la *realidad*, pues lo único que ves son deudas, desempleo, divorcio, demandas, odio, tristeza y toda clase de problemas.

Por lo tanto llegas a la conclusión de que es «verdad», de que en efecto eres un fracasado.

Ahora son dos los enemigos de tu éxito: *las palabras negativas y la realidad.*

Por eso me dirijo a ti, para que aprendas a transformarte mediante la renovación de tu mente el siguiente principio de desarrollo:

Conoceréis la verdad y la verdad os hará libres

La verdad consiste en palabras de nueva información (verdadera) que echará fuera las palabras de mentira y las cristalizaciones en tu mente de que «naciste para el fracaso».

Permíteme ilustrarlo:

El adolescente

Un hombre envía a su hijo de trece años a buscar un mercado de frutas. El joven regresa a casa una hora después, con la novedad que no encontró la tienda.

Entonces su padre le dice: «¡Eres un verdadero idiota!».

En ese momento, el jovencito adopta en su mente que es un idiota, como una verdad, porque no sólo son *las palabras* que le convencen, sino también los hechos (*la realidad* de no haber hallado la tienda). Esta unión de conceptos negativos lo convencen de que realmente es un «idiota».

No obstante, un vecino observa cuando el adolescente llora y le pregunta qué le pasó.

El chico le cuenta lo sucedido. Entonces aquel vecino sabio le dice: «En realidad no eres un idiota, lo que pasa es que no tenías la información adecuada para hallar ese mercado». Le da nuevas instrucciones y le dibuja un mapa.

Entonces el muchacho llega al mercado, contento porque entiende que no es un idiota; lo que pasó es que no se le había dado la información completa.

A eso me refiero cuando digo que la verdad nos hará libres: La verdad es información veraz y completa acerca de quiénes somos y de quiénes podemos llegar a ser.

Las *palabras negativas* que escuchamos, unidas a nuestra realidad, nos convencen de que somos un fracaso.

Ahora bien, no descartemos que tú mismo podrías ser esa persona que está sembrando palabras de fracaso en los que te rodean. Regularmente, no lo notamos. Por tanto, a partir de ahora empieza a escuchar lo que sale de tu boca porque del corazón procede.

Es sorprendente que muchos de los que están en las cárceles escucharon de sus propios padres que un día terminarían allí precisamente, en una prisión. ¿Acaso eran adivinos? Claro que no. Lo que sucede es que las palabras tienen poder.

Los científicos han demostrado que la música suave y decir palabras dulces a las plantas y animales eleva su rendimiento productivo. Esa es la magia y el poder de las palabras. Tienen poder divino, por eso cada noche, de forma consistente, hablo con mi hijo y le digo antes de dormir lo grandioso que es y lo exitoso que será. Estoy configurando su mente para que un día sólo sea aquello que ha escuchado que será. Te animo a que empieces a hacer lo mismo con la gente que te rodea.

El hecho de que estés en una realidad de fracaso no demuestra que seas fracasado, sino que te ha faltado información de que sí fuiste diseñado para el éxito. Sólo debes aprender a alcanzarlo.

Memoriza lo siguiente:

No es que no pueda, es que necesito la información correcta para lograrlo

El simple hecho de que entiendas que sí puedes llegar a ser exitoso, te llevará a lograrlo.

Retomemos el tema de las palabras—el alimento de la mente. Cuando tu mente ha sido mal alimentada, sólo podrás distinguir los síntomas menores de que la has alimentado mal. Que esto no te sorprenda. Ahora debes cuidar con lo que alimentas tu mente y buscar personas, vídeos, audios o libros que la nutran correctamente.

Para saber si tu salud mental es mala, revisa cuáles de los siguientes síntomas de una mente desnutrida podrían estar en la tuya:

1. Baja autoestima

2. Inseguridad para hablar

3. Timidez de hablar en público

4. Estrés (preocupación)

5. Nerviosismo

6. Insomnio

Estos síntomas menores son similares a la alta temperatura y dolor de estómago en una indigestión. Deberían ser pasajeros o temporales y cuando síntomas mentales como éstos no son atendidos al cambiar nuestros hábitos de lectura o el tipo de conferencias o conversaciones que escuchamos, entonces se agudizará el daño mental.

Repito y enfatizo: Los síntomas menores antes mencionados son sólo los primeros brotes que anuncian algo peor. Si no cambias radicalmente tu alimentación mental, entrarás en cuadros patológicos—trastornos crónicos de conducta—destructivos y degenerativos como son el temor, el pesimismo, la pobreza, la frustración, la amargura y la enfermedad. Eso que inició como baja autoestima terminó como frustración y temor.

Así como una pequeña semilla crea un gran árbol, también un pequeño síntoma de inseguridad puede crear una gran raíz de temor.

Sea cual sea tu situación, no te desanimes. Paso a paso, aprenderás a modificar tu mentalidad para que llegues a realizarte plenamente en aquello que anhelas.

En cuanto a las palabras que escuchaste de tus amigos o padres de que eras un fracaso, cuidado: Si no reemplazas en tu mente lo que oíste, un día eso llegará a ser una atadura mental poderosa que te conducirá al fracaso.

El águila cautiva

Un águila fue atada de una de sus patas con una cuerda de 8 metros a una estaca, de tal modo que podía volar en círculos alrededor de la estaca.

Años después, su dueño decidió soltarla para que fuera libre. Grande fue su sorpresa cuando al lanzarla al aire, el águila volaba en círculos como acostumbraba hacerlo mientras estaba atada.

No sólo vas a aprender que fuiste diseñado para el éxito, sino también a salir de ese círculo vicioso y volar alto. No dejes que la costumbre al fracaso te mantenga ahí.

Lo primero que debes hacer es cambiar la dieta de *palabras negativas* y empezar a alimentar tu mente con *palabras positivas y verdaderas*.

De acuerdo con nuestro diseño, aprendamos que somos capaces de gobernar, no sólo a la naturaleza, sino también a nosotros mismos y a nuestras adversidades.

CAPÍTULO 2

El objetivo de este libro

El objetivo de este libro

Si fuimos diseñados para señorear, entonces, ¿por qué muchas personas viven bajo yugos de pobreza y fracaso? Porque al igual que se da un mal uso a un cuchillo, de esa manera, han usado mal la mente. Por tanto, nuestro objetivo es:

Aprender a vivir en plenitud, física y emocionalmente, según fuimos diseñados, bajo la dirección de una nueva mentalidad

En primer lugar, debo aclarar que no se trata de modificar a tus padres, amigos, patrón o esposa(o), *sino a ti mismo.*

No mal gastemos nuestra energía en tratar de cambiar a otros, sino enfoquémonos en nosotros mismos primero. Como consejero familiar, sé que cuando alguien platica sus problemas, «otros» siempre son los culpables de su situación.

El punto en que se resuelven los problemas es cuando «todos» aceptan tener parte de la culpa. Eso se empieza de forma personal, no en grupo.

Conceptos básicos

Este es el enfoque más importante de este libro: ***El uso correcto de la mente***, porque es a través de ella que vivimos, nos expresamos, planeamos y soñamos.

A continuación, enuncio los conceptos básicos del funcionamiento de la mente y los elementos que la integran para poder entendernos y automodificarnos:

1.- *La mente:* Es un procesador de pensamientos que los memoriza. *No decide* y es capaz de combinar información. Es procesador y a la vez un disco de almacenamiento.

2.- *Pensamiento:* Es la unidad básica de la mente y de nuestra existencia. *Pensamiento Activo es lo que está ocupando o pensando tu mente en este momento.* Un pensamiento tiene la duración de entre 2 a 15 segundos regularmente. La combinación de un pensamiento con otro genera recuerdos, ideas e imaginación.

a. Los pensamientos pueden ocuparse de cosas ya vividas (el pasado o recuerdos).

b. Los pensamientos proyectan situaciones que no han sucedido (el futuro o la imaginación).

c. No hay pensamientos del presente. (Si

filosofamos, asumimos que el día de hoy es presente, sin embargo, a las tres de la tarde, la mañana ya es pasado y la noche es futuro. Por esa razón, no manejaré el presente mental—no se necesita para este estudio—más si eres exigente en conceptos, entonces el presente es: Un microsegundo y si damos flexibilidad a ese concepto, démosle al pensamiento activo el valor de mi presente mental.)

3.- *Mentalidad:* Es tu sabiduría, experiencia, conocimiento, prudencia, etc. Es el tipo de configuración (programación) sobre la cual se apoya tu corazón para la toma de algunas decisiones y para definir tu personalidad y hacer planes, o simplemente, es la capacidad de concebir lo bueno y lo malo, y no se programa. Es el resultado natural de las experiencias o pensamientos que hemos acumulado o atendido. No debemos confundirla con el corazón.

4.- *Corazón:* Eres tú mismo, el «yo», tu ser

interior, el alma. Es profundo, dominante y muy complicado de modificar, pero no imposible.

Para el mejor entendimiento de estos conceptos, veamos esta historia:

Un hombre decide (con su mentalidad) ser comprensivo con su esposa después de oír una conferencia sobre matrimonios. *La mentalidad* ha aceptado ese modelo: Ser comprensivo con su esposa. Hasta llegó a casa con flores para ella.

Sin embargo, en casa, ella deja su plancha del cabello caliente junto a la cama y él se quema y reacciona desde *el corazón* y maldice gritando: «¡¿Cuántas veces te tengo que decir que no dejes tus cosas así?!¡»

Entonces, distinguimos que *el corazón dominó sobre la mentalidad*.

Tenemos que aprender a distinguir *la diferencia operativa* de la mente y del corazón para poder transformarnos ordenadamente.

La mentalidad puede afectar mi manera de hablar y, momentáneamente, simular que tengo un buen corazón. *Esa facilidad de modificar superficialmente la mentalidad nos ha podrido el alma, porque asumimos que ya hemos cambiado, por la simple idea en la mente de que «deseamos cambiar».*

Algunos, con un par de lágrimas el domingo en la iglesia, están convencidos de que no hay nadie en la tierra tan determinado a cambiar como ellos, y al igual que ese esposo del ejemplo anterior, cuando surge el problema, se dan cuenta de que *no basta con desear cambiar* y les brota del corazón lo que realmente son. (El simple deseo de cambiar no sirve, como veremos más adelante.)

Los pensamientos y la mente

Reflexionemos en lo siguiente: Siempre hay algo que mueve lo demás—una hélice o una turbina mueve a un avión, una propela mueve un barco, una llanta impulsa una moto—y a los humanos, ¿qué nos mueve? *La mente*.

No son los pies los que nos mueven, es la mente lo que nos mueve y nos guía, y dependiendo del piloto que escojamos en nuestra mente, nos llevará al éxito (para lo cual fuimos diseñados) o nos llevará al fracaso (en lo que hemos servido).

> ***La mente es tu piloto, el guía de tu vida; el punto es que nadie nace sabiendo manejar un avión—se debe estudiar y aprender. Entonces, ¿por qué has dejado que tu mente te pilotee, sin antes enseñarle a manejar hacia tu éxito?***

Si pones como piloto en tu mente al pensamiento de fracaso, obvio es que ese piloto sólo sabrá conducir hacia la ruta del fracaso y ahí es, precisamente, hacia dónde te llevará. No obstante, si tú decides que el piloto conductor de tu mente sea el pensamiento del éxito, te llevará, sin contratiempos, a tu éxito.

¿Cómo se programa la mente?

Como ya lo mencioné, son las *palabras* las que

programan o configuran la mente. Explicaré, paso a paso, el poder de las palabras y cómo cambiar nuestra mentalidad en cada capítulo de este libro, y te darás cuenta de que, en todo el proceso, las palabras siempre son de gran influencia, tanto al escucharlas como al mencionarlas. Continuemos aprendiendo sobre el poder de la mente, pues cuando reconozcas que la mentalidad tiene el control de tu éxito, estarás más dispuesto a modificarla.

Entonces, ¿cómo nos guía la mente? A través del siguiente ejemplo empezarás a comprender cómo lo hace.

Si es necesario operar a alguien del apéndice, de forma emergente, y te piden: «Haz la operación, porque no hay médicos cirujanos aquí». Entonces, tú y yo, como la mayoría de nosotros diríamos: «Yo no estudié eso, no sé ni de qué lado debo hacer la incisión. No es que no quiera. ¡Es que no sé!»

La mente es nuestra guía y no puede ayudarnos a realizar aquello que simplemente no sabe, porque no forma parte de algo que ya se ha experimentado.

Otra ilustración similar es que si no entendemos—en la mente—cómo funciona un avión de guerra F-16, de nada nos servirá hallar uno en medio de una guerra, pues tomaremos para defendernos una simple pistola—que según nuestra mente es más fácil de manejar. Usar la pistola no es lo mejor, pero como nuestra mente no sabe manejar un F-16, decidimos usar la pistola. *Estamos tomando una decisión incorrecta, guiada por lo que nuestra mente sabe manejar*. No es que nuestra mente no quiera manejar el avión, es que no sabe cómo hacerlo.

¿Notaste cómo la mente nos guía? No podemos hacer aquello que la mente no domina y no podemos manejar lo que no conocemos. Ahora pregúntate: ¿De qué éxitos te estás perdiendo sólo por no saber qué hacer mentalmente para alcanzarlos?

Así es, amigo lector. Muchos han usado la

mente para pensar que son unos fracasados y que no pueden prosperar (porque esas palabras han prevalecido en sus mentes), mientras que otros han usado la mente para convertirse en reinas, reyes, gobernadores, empresarios, ricos, hombres y mujeres de éxito. Si puedes entender *el poder* que representa capacitar y usar correctamente la mente, sabrás que tu éxito será mayor y más rápido.

Cuando un médico cirujano es llamado a emergencias a operar un apéndice, simplemente lo hace. Igual, cuando un piloto de la Fuerza Aérea en medio de una guerra halla un avión F-16, sólo se sube y lo usa, logrando más que nosotros con una pistola. ¿Por qué la mente del cirujano y la del piloto no les detuvo para operar o subirse al avión y a nosotros sí? Porque ellos están capacitados, obviamente. Su mente guarda el recuerdo de ese conocimiento adquirido y lo utiliza cuando el momento lo requiere.

Así ocurre cuando enfrentamos el reto, el temor, la baja autoestima, el fracaso, la pobreza, el orgullo, la pereza, las deudas, etc. *Nuestra mente nos guía a tomar decisiones para enfrentar esas barreras del éxito,* y la mayoría de las veces—sin darnos cuenta—la mente nos guía a rendirnos ante esas adversidades aún antes de enfrentarlas, porque nuestra mentalidad no sabe cómo manejar esas barreras del éxito y vencerlas. No es que no queramos ser exitosos, es que no sabemos cómo, y nuestra mentalidad nos ha mantenido pasivos y conformistas, no porque no queramos más, sino porque no sabemos qué hacer para vencer esas barreras.

> ***El punto a demostrar es que sí podemos, sólo que no sabemos cómo lograrlo***

Esto debes establecerlo como una base de cambio. Di: *Yo también puedo, sólo que no he aprendido cómo lograrlo.*

El hecho de que estés en pobreza o en fracaso no debe deprimirte, debe hacerte reflexionar: *No he podido porque no sé cómo hacerlo, pero si aprendo, entonces podré alcanzar mi éxito.*

El elefante

Observa otra ilustración.

Años atrás, un elefante *pequeño* luchaba contra la cadena y la estaca de acero a la cual lo habían atado. Luchó por horas hasta cansarse y aceptó que no podía contra aquella atadura. Nunca más intentó otra vez luchar contra aquella cadena.

Ahora es un elefante de 5 toneladas (más de 11.000 libras) y sigue pensando—recordando— que en el pasado aquella cadena pudo más que él. Si has notado en los circos ahora, los atan con una cuerda pequeña a una débil estaca. El elefante cuando *siente* la atadura, sólo se mece de un lado a otro; no lucha para soltarse, sólo se mece, porque su mente está derrotada, pues sigue creyendo a sus recuerdos, y piensa: «No pude con la atadura, no volveré a pelear contra ella». Ya no pelea porque *no sabe que ahora él es más fuerte que la atadura*.

Entiende que ha llegado el día en que aprenderás

a crecer mentalmente, lo que te preparará y te hará más fuerte; por lo tanto ya no serás el mismo, y te atreverás a enfrentar a aquellos enemigos que en el pasado te vencieron, porque ahora eres más fuerte que ellos.

Cuando tu mente está derrotada, es porque una vez no pudiste; pero ahora que aprendas y te prepares, deberás intentarlo otra vez, pues ahora la atadura es más débil que tú

En conclusión, debes buscar una dieta bien balanceada tanto de alimentos como de la información correcta con la que alimentes tu mente. Recomendación: Sólo permite la entrada a los pensamientos positivos que provienen de las cosas más bellas de la vida y cierra la puerta al temor, más que a ningún otro sentimiento de fracaso.

En relación con toda la naturaleza, somos el ser superior. No el más fuerte físicamente, sino el más inteligente y, por diseño, somos líderes en esta tierra.

CAPÍTULO 3

La creación de la ruta

La creación de la ruta

Primer paso al éxito: *Para comenzar a pensar de forma positiva, necesitarás un sueño*

Un sueño es como un plano para el constructor de una casa. Te ayuda a ordenar tus esfuerzos y hace notar cuando lo que haces no ayuda a tu éxito y sólo te quita el tiempo.

Empieza a definir tu éxito

Nacemos diseñados para poder vencer *todo*. Entonces el primer paso es: *Definir lo que quieres*. Necesitas *un sueño*. Debemos tener un sueño en todo momento para que podamos activar ese potencial. Siguiendo el esquema que llevamos de que «sí puedes, sólo que aún no sabes», empieza a visualizar tu éxito. En el momento en que ese pensamiento de que «sí puedes, sólo que no sabes» entre a tu mente, ha iniciado tu éxito. Esto es por lo siguiente:

Una mente que piensa que se puede, empezará a soñar

Así es. Todos debemos tener un sueño siempre, en todo momento. Lo primero que hay que hacer es: *Definir tu sueño*.

Es muy importante saber a dónde vas o qué es lo que quieres, para saber lo que debes hacer para alcanzarlo

No puedes llegar al aeropuerto y pedirle a la persona del mostrador: «Señorita, deme un boleto de avión». Ella te hará la pregunta obvia: «¿A dónde va? » ¿Le responderías: «No sé»?

Las personas exitosas eligieron ir a su éxito antes de obtenerlo

¿Cómo puedo demostrar que también tú puedes alcanzarlo? Precisamente porque otros lo han logrado. La gente exitosa es exactamente igual que tú en cuanto al diseño; la diferencia es que ellos tienen una mentalidad de éxito.

La niña del bosque

En una película animada, una niña se pierde en el bosque y durante su recorrido, encuentra a un oso. La niña le dice: «Señor oso, estoy perdida» y le pregunta: «¿Voy bien por este camino?» a lo que el oso responde: «¿Hacia dónde te diriges?». Ella responde: «No lo sé». El oso le da por respuesta: «Entonces vas bien».

Si no sabes a dónde vas o qué quieres lograr en tu vida, nunca sabrás si lo que hoy estás haciendo te llevará a tu éxito. No puedes ir hacia tu éxito, si no sabes qué es lo que quieres. No puedes ir hacia tu Victoria, si no sabes dónde está tu victoria. La única manera de demostrarte que tú puedes lograrlo, es que sigas los siguientes pasos.

Aun estando diseñado para alcanzar el éxito, primero debes saber con certeza cómo es ese éxito. De otra manera, no funciona. Dice un sabio proverbio antiguo: *«La fe tiene la certeza (la seguridad, la claridad, la precisión) de lo que espera...». (Véase Hebreos 11.1.)* El sueño o la meta deben ser específicos y bien definidos.

No te equivoques soñando en una gran casa, un carro o una carrera universitaria, sin considerar también aquéllo que te permita pagar esa casa, carro o carrera universitaria. *Tu sueño debe incluir esa fuente de ingresos que te permitan comprar tu sueño.* El sueño completo es aquel que incluye la fuente que te permitirá comprarlo o alcanzarlo. La casa o el carro no es tu sueño completo, sino solo parte de él. Ser dueño de una tienda, de condominios de renta o de una cuadrilla de camiones de carga, es decir, tu propio negocio, el cual te permita comprar la otra parte de tu sueño—eso es tener el sueño completo. Clarifica tu sueño, meta o visión. No te enfoques en el producto del sueño, sin considerar la fuente que te ayudará a obtenerlo.

No puedo demostrar que sí puedes obtener tu éxito si no sabes cuál es tu éxito. Es como la niña del bosque: si no sabes a dónde vas, no te puedo ayudar a llegar ahí, porque en ese caso, ir a cualquier lugar estaría bien. Y luego, cuando llega Navidad dices: «Se pasó el año tan rápido, que siento que no hice nada».

Efectivamente, *no hiciste nada*; aun cuando trabajaste y compraste cosas, no sientes que hayas hecho algo porque no tienes un punto de referencia para evaluar avances. Seguro que trabajaste, te moviste, hablaste y lo demás; pero sin un sueño, no hay forma de evaluar si avanzaste hacia ese sueño o si te alejaste de él. La mejor manera de desperdiciar la vida es haciendo mucho ruido y no llegar a ningún lado. Hay gente tan trabajadora que no logra nada, porque no tiene orden en sus esfuerzos. Lo triste es que se sienten bien mentalmente porque trabajan mucho, aunque no haya resultados. La fuente de la riqueza no es el trabajo, sino el ahorro. Si tu esfuerzo no te genera poder ahorrar dinero extra, no vas bien, sólo te estás moviendo.

Se requiere orden para ser exitoso. Por tanto, si no cumples con todos los pasos que te enseñaré, no llegarás.

> ***No sólo debes moverte, sino que debes hacerlo de tal modo que al moverte avances; no sólo debes hablar, debes hablar de tal modo que al hablar convenzas. Que cualquier cosa que hagas sea de tal modo que te dé resultados a favor de tu sueño***

Con un sueño, el ser humano activa sus más poderosas fuerzas de fe.

El sueño definido despierta nuestra fe, y una vez que tienes un sueño, el segundo paso es ir hacia él para conquistarlo y hacerlo una realidad.

El sueño está en la mente. El hacerlo realidad está en las manos

Poco a poco, te mostraré la importancia que tiene nuestra voluntad (decisión) en el éxito. Entiende esto: Es nuestro trabajo hacer que suceda.

No perdamos más el tiempo y entendamos claramente que aunque tengamos un sueño, siempre seremos nosotros los que, finalmente, decidimos conquistarlo

Primero, lo primero

Vamos a dar orden al éxito. A continuación, propongo los tres primeros pasos para alcanzar el éxito. Ya vimos el primero:

1. Define tu sueño de la forma más completa posible: la visión, la definición, el objetivo y la victoria. Toma el tiempo que sea necesario y escríbelo. Incluye cuánto cuesta, así como la fuente de ingresos para obtenerlo.

2. Aprende: ¿Dónde estás? ¿Cómo eres? ¿Qué tan preparado estás? ¿Qué tipo de mentalidad tienes? ¿Qué recursos posees? Tus ventajas y desventajas.

3. Ponte una meta: ¿Qué debes hacer para lograrlo? Elige el vehículo que te llevará ahí, la preparación que necesitas, la estrategia, el método, el tiempo, el costo financiero, etc.

Incluso cuando te sientas agobiado, detente para definir qué es lo que quieres. Encuentra dentro de tu mente y corazón ese objetivo que cada quien lleva dentro, porque fuimos creados para enseñorear y construir y si, simplemente, no sabes a dónde vas, no has construido un camino para llegar a ese destino y no sabrás si lo que estás haciendo ayudará a llegar a tu éxito. Esto es tan importante para que no sigamos perdidos como la niña del bosque. Ella sabía que estaba perdida, pero como no sabía a dónde iba, cualquier cosa que hiciera o paso que diera en cualquier dirección era imposible de evaluar en cuanto a ayuda o estorbo; acercamiento o alejamiento de su ruta hacia la seguridad de su hogar. Hay quienes trabajan más de 40 horas a la semana y gastan lo que ganan sin un objetivo y sin darse cuenta que están perdiendo su dinero y vida, porque no tienen un propósito.

La distancia entre mi realidad y mi éxito se llama adversidad, o barreras del éxito

El verdadero sabor de la vida es el vencer las adversidades para llegar a nuestros éxitos. Si ya obtuviste un logro y tienes un trabajo que te da ingresos para vivir, busca un nuevo reto, pues habrás notado que se siente un vacío en el corazón cuando no hay un sueño nuevo por conquistar. Ese vacío lo sientes cuando te sientas frente a tu televisor y sabes que casa y carro no dan satisfacción. *Vuelve a soñar. Dale sabor a tu vida.*

Otro grupo de personas son los que ya tienen su sueño, pero sin realizar. No lo han logrado porque su actual empleo los tiene ocupados, entretenidos y distraídos, lo cual los aparta de su éxito. ¿Quién pensaría que tu propio trabajo te ha robado tu verdadero éxito?

Zona de confort

Efectivamente, tener trabajo y pagar tus cuentas mensuales de casa y carro te ha hecho sentir satisfecho. Sin embargo, el éxito va más allá de poder vivir con lo básico. El éxito es tener tiempo libre y salud para disfrutar a tu familia y ayudar a los necesitados. No obstante, si te la pasas trabajando todo el día, no vas a disfrutar la vida.

Una vez le pregunté a un amigo: «¿Para qué trabajas?» Y respondió: «Para tener dinero», y arremetí de nuevo: «¿Para qué quieres dinero?» Y me dijo: «Para comprar mi casa y un auto». Y mi siguiente pregunta: «¿Para qué quieres casa y auto?» y él respondió: «Para que mi familia y yo disfrutemos de tiempo juntos». Entonces, lo que tú necesitas es entender que el trabajo es un medio y no el fin, y que podrías lograr mejor tu fin con un negocio o empresa del cual tú seas el propietario, así como reconocer que con ese empleo que tienes estás atado en tiempo y tienes un ingreso limitado. No ames tanto tu empleo. Ama la diligencia y la sabiduría que te llevarán a obtener tus metas con menos esfuerzo.

El propósito final de la vida es que seamos exitosos para vivir sin estrés, insomnio y con paz completa.

Hay millones de personas frustradas que trabajan todo el día y sienten que su vida no tiene sentido. Eso es porque no han definido con claridad su meta en la vida. Recuerda que la meta no es el dinero, sino aquéllo que compras con el dinero. Deja de amar ese empleo que no te da lo suficiente y empieza a buscar y mantener una mentalidad emprendedora para que formes tu negocio, en el que puedas tener libertad de tiempo y libertad financiera.

Sal de esa mentalidad de empleado y empieza a pensar que también tú estás diseñado para ser un empresario rico.

Recapitulando: Una vez definido tu sueño,

debes preguntarte: *¿Dónde estoy? ¿Quién soy? ¿Qué tipo de mentalidad poseo?* Los recursos con que cuentas.

Porque saber a dónde vas no será suficiente si no sabes dónde estás

Una vez identificado dónde estás y hacia dónde deseas dirigirte, entonces puedes medir la distancia entre tu éxito y tú y podrás empezar a planear lo que hay que hacer para llegar allí: El tamaño del puente a construir; es decir, el tipo de vehículo que te llevará, el tipo de negocio, de personalidad, de preparación, la estrategia, etc. que necesitarás para llegar a tu meta, y el tiempo que debes invertir para lograrlo, así como el dinero que necesitarás.

Porque saber dónde estás y hacia dónde vas tampoco es suficiente, si no sabes cuánto esfuerzo, tiempo y recursos necesitas para lograrlo

Mi deseo no es hacer un análisis de tu mentalidad, sino en darte las bases para una mentalidad renovada, una mentalidad plena de optimismo y alejada de pensamientos de fracaso, que te conduzca directamente al éxito permanente. ¡Vamos por ella!

CAPÍTULO 4

No siembres entre espinos

No siembres entre espinos

Una vez que definas dónde estás y hacia dónde te diriges y comprendas lo que necesitas hacer para llegar a tu meta, debes empezar a trabajar con tu mentalidad, porque si ésta se rinde o se atemoriza, podrías abortar la misión. No olvides que la construcción del puente o el caminar hacia tu éxito tiene sus obstáculos o barreras. La motivación no será suficiente para lograrlo. El simple hecho de saber dónde estás y hacia dónde te diriges y lo que debes hacer para llegar allí es condicionante, obligatorio y necesario como un GPS o mapa para lograrlo, pero *no es el todo*. Necesitarás: determinación, pasión, disciplina, valentía y constancia que también te enseñaré en este libro. Tener el mapa para llegar a una ciudad del centro de África no es suficiente si no tienes la capacidad emocional para hacer lo que se requiere para llegar ahí.

Entonces, *¡vamos por todo!*

Los siete pasos de la escalera completa del éxito:

Paso 1 - Saber lo que quieres: *el sueño*

Paso 2 - Saber lo que *eres o tienes*.

Paso 3 - Lo que necesitas para lograrlo (el puente o *estrategia* para llegar).

Paso 4 - *La diligencia*: Disciplina, determinación, persistencia, constancia y pasión.

Paso 5 - *La preparación* o capacitación.

Paso 6 - *La valentía*

Paso 7 - *La fe*

Estos son los siete pasos del éxito y paso a paso, te ayudaré a completar todo lo que necesitas para lograrlo. Ahora, enfoquémonos un poco en entender que hay barreras del éxito. Desear ser rico no sirve, porque entonces todos lo seríamos; pero no es así. Hay enemigos que debemos considerar para que no permitirles que roben nuestro sueño. Se requieren los últimos cuatro pasos de la escalera del éxito para lograr los tres primeros. En realidad, sólo son tres pasos de éxito, pero requieres de los pasos: 4, 5, 6 y 7 como tus herramientas o equipamiento mental. Ahora, esos últimos cuatro pasos tienen, respectivamente, las cuatro barreras de éxito:

> ***No debo proponerte una nueva mentalidad, sin primero remover la vieja. Es un principio de orden. Primero: despójate del viejo hombre y vístete del nuevo hombre***

Nadie se viste de ropa limpia sin quitarse la sucia primero. Estoy más emocionado en quitar las barreras del éxito que en enseñarte los secretos de la fe, porque hay otro proverbio antiguo:

«Aren el campo para ustedes, y no siembren entre espinos.» (Jeremías 4.3)

Muchos conferencistas hemos invertido nuestro tiempo en enseñar a la gente a implementar nuevos hábitos, pero si no arrancamos los viejos y malos hábitos, nos sucederá lo mismo que al sembrador: «Parte (de la semilla) cayó entre espinos y los espinos crecieron y la ahogaron…» (Marcos 4.7) y no se trata de que sembremos sin obtener cosecha. Entonces, empecemos a remover esas piedras y espinas mentales para que no sea en vano nuestro trabajo.

Las cuatro barreras del éxito

Barrera 1 - La indisciplina

a. Pereza

b. Negligencia

c. Irresponsabilidad

d. Impuntualidad

Barrera 2 - La ignorancia

a. Falta de capacitación

b. Falta de preparación

c. Falta de estudio

d. Falta de lectura

Barrera 3 - El temor

a. Los pensamientos

b. La imaginación

c. La inseguridad

d. La ansiedad

Barrera 4 - La incredulidad

a. La incertidumbre

b. Las dudas

Para conocer cómo se vencen o remueven las barreras del éxito, empecemos por conocer la manera en que se formaron para poder eliminarlas desde su raíz. Cuando tienes el plano de una construcción, es más fácil desarmar algo. Empecemos:

Conceptos generales

La personalidad

De forma concreta, tenemos que con las experiencias vividas, se forma nuestra personalidad, la cual es sólo una expresión inmediata de lo que hay en nuestra mente. La personalidad trabaja mediante pensamientos en función de experiencias vividas. La mentalidad elige repetir o recrear las experiencias más convenientes, las cuales han funcionado a nuestro favor y elige rechazar las menos convenientes. Dependiendo del entorno en el que crecimos y del tipo de vivencias que tuvimos, nuestra mentalidad tendrá cierta formación, como: ser disciplinados o indisciplinados. Por tanto, una persona indisciplinada, realmente es así porque esa fue su formación y somos seres de hábitos, de modo que si esa persona creció en un ambiente donde no era importante la disciplina, entonces ya tiene una de las barreras del éxito: la indisciplina.

Si tú eres así, esa decisión del corazón—ser indisciplinado—es tomada bajo la dirección de una *mentalidad indisciplinada*. Tú no elegiste ser así, *pero sí puedes elegir dejar de ser de esa manera.*

> ***Como niños NO fuimos responsables de la formación de nuestra mente, pero como adultos SÍ somos responsables de mantener o no esa mentalidad***

Por lo tanto, la personalidad de cada uno es inducida por la mentalidad. Otro ejemplo específico es que, si en tu familia tus padres acostumbraban siempre llevar ropas limpias, también tu personalidad será así y te sentirías incomodo llevando ropas sucias. Realmente, somos producto de la influencia del entorno donde crecimos y la personalidad que tenemos es por influencia. Mentalidad y personalidad caminan unidos.

La formación del carácter

Así como la mentalidad y la personalidad son una sola cosa, del mismo modo el carácter está relacionado con el corazón. La definición de *carácter* es: La expresión o manifestación directa del corazón cuando se pone a prueba la mentalidad al enfrentar una situación de crisis.

En conclusión, tenemos:

La personalidad: Es la imagen física, visual y superficial de una persona, expresada mediante su vestimenta, su peinado, palabras comunes de su lenguaje; si es cariñoso o áspero—sean expresiones físicas o verbales—estilo de caminar, tipo de diversiones que le agradan, modelo de auto que prefiere, tipo de clubes de los que es miembro y educación cívica (ofrecer su asiento a un anciano, saludar cada vez que llega a un lugar, entre otros), limpieza física, impuntualidad, irresponsabilidad, etcétera.

Carácter: El nivel de dominio de sí mismo (dominio propio) que tiene una persona y que se manifiesta claramente ante situaciones de máxima exigencia en la vida (pleitos, injusticias, enfermedades, demandas, ofensas, etcétera), y de ahí se sabe cómo es el carácter. Si es misericordioso, iracundo, paciente, gritón, compasivo, explosivo, avaro, etcétera.

Cada vez que en tu vida te enfrentes a una situación de máxima exigencia, tu mente rápida y automáticamente asociará ese peligro con las experiencias pasadas y de inmediato, brotará de tu corazón la fe o el temor, según sea el caso. Entonces, a mayor número de palabras negativas y de experiencias (vivencias) en que hayas fracasado o hecho el ridículo, serás más temeroso de lo normal. A mayor número palabras de motivación y bendiciones verbales y de experiencias de éxito, tu fe y optimismo serán mayores. Así es como configuramos nuestra mentalidad, a base de las palabras y vivencias que recibimos y experimentamos.

La primera vez que haces algo grandioso es un poco difícil. Repetirlo es más divertido. Recuerdo la primera vez que escribí un libro. Mis amigos se preocupaban y me hacían muchas preguntas sobre el proceso de escribirlo, pensando tal vez que era algo descabellado. Ahora, después de una excelente experiencia con el lanzamiento de ese libro, al saber ellos que estoy escribiendo otro, ya no me preguntan nada, porque una «vivencia» positiva infunde seguridad en ti y en quienes te rodean. Ese será tu caso cuando empieces a cosechar éxitos: tu corazón, cada vez, tendrá mayor seguridad a atreverse a intentar cosas más grandes.

Deseo mencionar los errores más comunes que debemos evitar cuando intentamos cambiar nuestra mentalidad. Por ejemplo: si copiamos la personalidad de alguien, con eso solo estaríamos adoptando *sus patrones de conducta,* tales como su vestir, forma de peinarse y lenguaje—esto por imitación—más no serían parte de nuestra mentalidad; no nos cambiarán el corazón y, por consiguiente, no erradicaríamos las barreras del éxito. A largo plazo, resurgirá realmente lo que somos en el corazón como el hombre que le gritó a su esposa al quemarse con la plancha. Recuerda que la personalidad es sólo la expresión de la mentalidad. Si quiero llegar a ser igual a alguien, debo adoptar su mentalidad, no su personalidad o imagen exterior (ropa o peinado).

Tanto la personalidad como el carácter son expresiones: una de la mentalidad y la otra del corazón, respectivamente. Por tanto, no es necesario atender modelos para modificar la personalidad o el carácter. Establecemos que quien modifica su mentalidad, modifica automáticamente su personalidad, y quien modifica su corazón, modifica automáticamente su carácter. *Por tanto, si modificamos primero la mentalidad, automáticamente el corazón se modificará, porque la renovación del corazón es mediante la renovación de nuestra mente según un principio universal: «Renuévate mediante el espíritu de tu mente...». (Efesios 4.23) Por lo tanto, cambiemos lo que es raíz de todo: La mentalidad. Así obtendremos, por efecto, una nueva personalidad, un nuevo carácter y nuevo corazón.*

Estas explicaciones tienen como fin demostrar que modificar nuestra mente es condicionante para alcanzar nuestro éxito, pues es el piloto que nos guía. Por lo tanto, enfocaré todas las páginas de este libro a modificar nuestra mentalidad, así como a desarrollar nuevas actitudes y hábitos. En pocas palabras, el trabajo para el éxito llevará a quien esté listo para ser libre a convertirse en un ser:

1. Responsable

2. Puntual

3. Diligente

4. Disciplinado

5. Constante

6. Valiente

7. Lleno de fe

Para que encuentres el camino al éxito, debes empezar a *reconocer que debes cambiar.*

El cambio empieza en ese lugar en el que reconoces que necesitas cambiar

Mientras pienses que todo está bien, serás pasivo mentalmente y en términos de éxito, la *pasividad es lo mismo que rendirse,* porque en resultados es igual rendirte antes de salir, que rendirte a medio camino.

Primer principio de sabiduría: El descanso sistemático

Sólo hay tres lugares para tomar un «*break*»:

La cama de un hospital, la celda de una cárcel y las playas de Honolulu en Hawaii.

Deseo obsequiarte una ley de la persistencia y la constancia. El secreto es que siempre necesitarás un sistema de descanso. Aún los carros tienen su radiador para que no se sobre calienten; las chimeneas y las estufas su extractor para no sobre-saturarse. Los humanos también necesitamos un descanso sistemático. Si no tomas un día a la semana para descansar, vas a desistir y vas a renunciar. No importa el día, si es el sábado, lunes, martes o cualquier otro día, eso no importa. Lo que sí es importante es que necesitamos un descanso semanal.

Ley de la persistencia

Una pequeña gota de agua que cae constantemente rompe un duro piso de cemento.

> ***La Ley de la Persistencia se basa en la suma de las fuerzas aplicadas de manera constante sobre un mismo punto***

Si vas a emprender un negocio de vender autos, debes permanecer en ello hasta lograrlo. Uno de los errores de nosotros los latinos es que intentamos de todo: Un año somos comerciantes de autos, el siguiente año, pintamos casas. Después nos dedicamos a ser mecánicos y después a ser empleados de oficina y así sucesivamente. Se nos va la vida y no edificamos la empresa porque las abandonamos. La Ley de la Persistencia logra su realización cuando se mantiene sobre un mismo punto. La pequeña gota de agua demuestra lo importante que es mantenerse persistiendo sobre el mismo punto hasta lograr afectarlo. Hoy debes elegir qué empresa vas a edificar y el resto de tu vida edificarla. Una vez establecida, puedes emprender otras, pero sin abandonar la anterior.

Unamos esto con lo que les dije anteriormente: *Siempre una parte mueve lo demás* y si aplicamos la persistencia en nuestra mente, nos moverá hacia nuestro éxito. Si eres de los que empiezan negocios y los abandonas, sólo te hace falta persistencia. Debes saber que regularmente hay vientos contrarios, mas no olvides que en cualquier momento, el viento puede cambiar y debes estar listo para izar las velas. Por tanto, no te canses, y si te cansas, toma un respiro—un descanso—y vuelve a persistir.

Así pasa cuando la mente de un boxeador cansado ya no tira golpes y sólo se protege; debería enterarse de que ya está derrotado, sólo se necesita tiempo para que pierda la pelea. Al igual que al rendirse la mente se rinde el cuerpo; cuando tu mente cree, *todo tu ser* persiste. La Ley de la Persistencia se basa en tiempos de descanso. Si no sabes descansar, no sabrás persistir. La Ley de la Persistencia tiene su raíz en los pensamientos (lo veremos más adelante).

¿Qué mejor que tu mente, para ayudarte a ti mismo?

¿Quién mejor que uno mismo para ayudarse a sí mismo? A la sociedad no le importa lo que te pase, ni tampoco es responsabilidad de tus parientes resolver tus problemas. Es a ti a quien debe importarte tu éxito. Cada uno tiene suficientes cosas en qué pensar como para dejarle a otro lo que nos corresponde. Sólo tú sabes qué hay en tu mente y sólo tú sabes qué se debe modificar ahí.

> ***La mente es el instrumento dado por diseño para que nos renovemos. Es nuestra herramienta de transformación***

Sólo tú puedes saber cómo eres y sólo tú sabes *si las barreras del éxito te están robando tu victoria*. Sólo tú puedes identificarlas y erradicarlas. Ese es tu trabajo a partir de hoy. Entonces, tienes en tus manos tu propio éxito. En las mañanas que no puedes levantarte eres sólo tú quien decide quedarse ahí unos minutos más. Luego de que te levantas tarde, vas en la autopista enojado porque hay mucho tráfico.

Te invito a que ambos reconozcamos que somos nosotros mismos los responsables del éxito o del fracaso, y que al reconocerlo, nos situamos en el camino al éxito. Porque quien acepta su responsabilidad, empezará a evaluar lo que hace y lo que no hace, y dejará de culpar a los demás por lo que le pasa. Abre tu campo mental de evaluación. Revisa lo que haces, así como lo que no haces y deberías hacer. Sí, es verdad que en ocasiones gente mal intencionada nos quita oportunidades, pero no siempre va a ser así. La mayoría de las veces, somos nosotros mismos el estorbo para salir adelante en algún proyecto.

¿Soy el tipo de persona que no hace las cosas hasta que estoy obligado? o ¿alguien que hace las cosas cuando me entero de que hacerlo es lo mejor y lo hago sin estar obligado? Si eres de las personas que no actúan hasta que tienen un problema, la disciplina te sacará de ese hábito y empezarás a actuar incluso cuando todo se vea bien.

Hablando en sentido figurado, nuestra mente es como el disco duro de una computadora, la cual necesita el mantenimiento adecuado para evitar virus que le impidan el servicio que debe brindarlos. A continuación, veremos paso a paso las cuatro barreras más comunes que nos impiden triunfar, incluso cuando nuestro diseño original está hecho para lo contrario.

CAPÍTULO 5

La diligencia

La diligencia

La diligencia es el cuarto paso de la escalera del éxito. *«La mano de los diligentes señoreará, más la mano negligente será tributaria...» (Proverbios 12.24)*

Dije que fuimos diseñados para señorear a toda la creación y con respecto a los demás seres humanos, señoreará, quien así lo desee, sólo actuando diligentemente. Es decir, será exitoso aquel que así lo provoque.

> ***Dios sí decide quién nace pobre o rico, pero no decide quién muere pobre o rico***

La diligencia es la parte que nos corresponde a nosotros y si no hacemos nuestra parte, el éxito no va a llegar. Diligencia es el resultado de la disciplina y la preparación.

Observa lo hermoso de estos principios y la relación entre ellos: Si eres indisciplinado, es porque no tienes un sueño. Te expliqué que quien tiene un sueño, activa su fe, y como resultado, tiene diligencia, porque:

> ***La diligencia es la expresión del corazón en acción para alcanzar un sueño***

Recapitulemos lo que hemos aprendido:

1. Saber lo que quieres: *el sueño.*

2. Saber lo que eres o tienes.

3. Lo que necesitas para lograrlo (el puente o estrategia para lograrlo).

4. *La diligencia* - que implica disciplina, determinación, persistencia, constancia y pasión.

El realizar con *acción* lo que debo hacer para lograr mi sueño se llama *diligencia* y uniendo lo anterior, tenemos que diligencia viene sólo cuando conoces tu sueño y conoces lo que debes hacer para lograrlo. Nadie se atrevería a empezar un proyecto, sin saber que sí es posible lograrlo.

La diligencia es la madre del éxito

Hay una conexión directa entre tener un sueño y la diligencia, porque cuando está un pensamiento en tu mente que te dice que el sueño que tienes sí es posible sólo con *preparación y persistencia,* entonces ese pensamiento te motiva a ser diligente hacia la acción.

La raíz del éxito es tener un sueño y la diligencia lo hará posible

No se puede ser diligente si en tu mente no hay un sueño. Nadie invertirá sus fuerzas y dinero en construir un puente de la tierra hacia la luna. Tampoco nadie será diligente, si no tiene la certeza de poder terminar su proyecto. Entonces, la diligencia nace cuando tienes el sueño bien definido y sabes con precisión lo que se debe hacer para lograrlo.

La diligencia necesita conocer qué se quiere lograr y el tipo de preparación para poder lograrlo. Entonces sabes que lo puedes lograr y empiezas hasta terminarlo sin desmayar

Debes cumplir cada paso de la escalera del éxito para avanzar al siguiente.

Así concluimos que la Ley de la Persistencia requiere que en tu mente tengas claro que sí se puede lograr. Si tu mente piensa que no es posible, automáticamente renunciarás.

Sabes que de nada serviría que te repitas mil veces: «Voy a ser diligente, voy a ser diligente...». No sirve si no tienes un sueño. La diligencia es el resultado natural de un sueño bien definido, y una persona diligente no necesita la presión para hacer lo que debe hacer. ¿Por qué? Porque sabe que habrá un resultado. Desmayamos cuando no vemos resultados. En realidad, muchas veces desmayamos porque no sabíamos cuánto tiempo debíamos esperar y renunciamos. Las personas son inconstantes en realidad porque no conocen el tiempo de persistencia requerido.

La estrategia—el Paso 3 de la Escalera del Éxito—define el tiempo que requieres para tu éxito. Imagínate a alguien que renuncia a su sueño porque no tiene los suficientes resultados, y no sabe que estaba a días de su éxito ... a las puertas de alcanzarlo....

Esa es la razón de porqué somos tan inconstantes: No investigamos el tiempo necesario para lograr nuestra empresa y lamentablemente, somos diligentes cuando tenemos necesidad, como bien lo dice el refrán: «La carga hace andar al burro». Muchos somos diligentes en buscar trabajo cuando estamos desempleados. Esa es una motivación externa y cuando lo encontramos, dejamos de buscar más ingresos y dejamos de ser diligentes en hacer crecer los ingresos. Se trata de mantener esa misma actitud que mostramos cuando no tenemos empleo y enfocar esa diligencia a empezar un negocio.

Ahora, tampoco interpretemos diligencia como «ser muy trabajador». La definición de diligencia es: *un trabajador inteligente*. Muchos de mis hermanos mexicanos del sur de mi país han trabajado en el campo de sol a sol—tanto en México como en Estados Unidos—y no se han enriquecido. Esto es porque el trabajo en sí no es lo que enriquece, sino el *trabajo inteligente*. *NO se trata de trabajar mucho, sino de hacer mucho con el trabajo*. Si nos piden madrugar, lo hacemos; si nos piden cargar algo pesado, lo hacemos; si nos piden dar horas extras, lo hacemos. Creo que el problema no reside en no ser trabajadores. Lo que nos ha hecho falta es pensar más y trabajar menos.

Notemos lo importante que es ser diligentes, pues eso define cómo somos o quiénes seremos. Si no sabes algo, infórmate, estudia y prepárate con diligencia.

La diligencia significa:

1. Pasión
2. Persistencia
3. Constancia
4. Paciencia
5. Determinación

Entonces, si la diligencia es el resultado de un sueño, empieza a soñar porque la diligencia trae riqueza

Te he explicado que fuimos diseñados para señorear a la naturaleza y a nuestras adversidades. La diligencia define si eres empleado o patrón, si eres pobre o rico. Por tanto, decide ser diligente, ser jefe. Decide ser rico, y todo eso se decide soñando en grande.

> ***No se puede decidir ser jefe o ser rico, pero sí se puede decidir soñar en grande y eso te llevará a ser diligente, lo cual te hará ser el jefe y ser rico***

«La mano de los diligentes señoreará; más la negligencia será tributaria....» (Proverbios 12.24) En ocasiones, nuestra mente se enfoca en desear tener dinero, y no debe ser así. Enfócate en desarrollar la diligencia y la diligencia te hará rico.

Nuevos hábitos de diligencia

La indisciplina, negligencia, pereza, irresponsabilidad, impuntualidad, etc. son hábitos de nuestra formación de pequeños. No elegimos ser así, pero sí podemos decidir—con la voluntad—ser diferentes al sumar un sueño en nuestra mente que nos generará motivación y diligencia. Cuando te tienes que levantar de la cama o del sofá y dejar de ver televisión para ponerte a estudiar o investigar sobre tu negocio o abrir tu nueva empresa, *serás tú quien decida levantarte o seguir en el sofá. En ese momento está la clave*; vence ahí.

> ***Se forman nuevos hábitos mentales al forzar a nuestro cuerpo a realizar tareas que la mente considera necesarias para cambiar nuestra realidad***

Un hábito se establece cuando logras repetirlo sin interrupción al menos durante 40 días. Es entonces que se integra como un nuevo hábito. No escuches a tu cuerpo habituado a la pereza. Enfócate a implementar los nuevos hábitos que vayas descubriendo que te llevarán al éxito. Recuerda que es tu mente motivada por un sueño la que ayuda al corazón a decidir *«Levántate»*. Ahí hay un secreto: *«Levántate»*. Practica la diligencia, dándote órdenes sencillas mentales y repite: «Cuerpo, ve a ejercitarte 15 minutos»; o «Cuerpo, ve a leer ese libro» o «Cuerpo, ve, saca la bolsa de la basura y llévala al contenedor», etc. Acostúmbrate a darte órdenes mentales a ti mismo. No dejes que tu cuerpo perezoso te gobierne. No dejes que la flojera pilotee tu mente. No te conformes con el deseo, porque desear no sirve si no intentas o actúas. *«El alma del perezoso desea y nada alcanza; más el alma de los diligentes será prosperada». (Proverbios 13.4)* Entonces, avanza hacia tu sueño mediante la acción. No basta con soñar. Debes intentar. El vínculo entre el sueño y la acción es la voluntad, y ésta se manifiesta como diligencia. Veámoslo a continuación en un cuadro secuencial:

1. El Sueño.

2. Dónde estoy o quién soy define la estrategia que nos asegura lograr el sueño.

3. Con la seguridad de que sí es posible, surge en mí el querer hacerlo (El Intento).

4. Mi voluntad actuará hacia el sueño sin desistir (La Diligencia).

El primer hábito en que debemos disciplinarnos es alimentar nuestra mente de palabras que activen la fe

Es como la gasolina de un auto: se consume y debes reabastecerla. La motivación se consume y el hábito de leer y escuchar palabras positivas llena el tanque de la motivación de nuestra mente. He recapitulado para que no te muevas sólo por motivación, sino por el cuadro completo que estamos integrando, paso a paso, hasta lograr los siete pasos de la escalera del éxito. Recuerda que debes moverte de tal modo que avances, trabajar de tal modo que logres más objetivos (con diligencia).

Conclusión: Para erradicar la primera barrera del éxito llamada *negligencia,* será posible al implementar y establecer en tu vida la diligencia, la disciplina, la puntualidad, la responsabilidad, la persistencia, la constancia, y la pasión incansable. *Todo esto es una mente invencible*. Empecé diciéndote que el búfalo no se deja domesticar. Retomando esa ilustración, un rey llamado David dijo: «*Pero tú aumentarás mis fuerzas como las del búfalo...». (Salmos 92.10)* Este rey no se refería a las fuerzas físicas, pues en tal caso es mejor esperar fuerzas de elefante. Se refiere a las fuerzas indomables de la mente del búfalo, el cual no va a dejar ponerse un yugo, porque su mente nunca se rinde. Esa es la diligencia: una mente que no desmaya incluso cuando el yugo sea más fuerte. Lo dije bien: *aunque el yugo sea más fuerte*. En este momento, enfócate en entender que debes ser persistente aun cuando el yugo sea más fuerte. Más adelante te explicaré por qué.

Quiero citar un pasaje bíblico que debe abrir nuestros ojos y nos responsabiliza de nuestro éxito. *Josué 1.9: «Esfuérzate y sé valiente; no temas ni desmayes...»*. Esta es la mentalidad de éxito que se requiere para conquistar una nación o una gran empresa. Se requiere esfuerzo interno de nuestra voluntad (decisión), constancia y persistencia. Nota que la frase *«esfuérzate»* implica decisión de dominio propio dentro de nosotros, y si esa característica no la tienes, entonces desarróllala. Del pasaje anterior, surge la siguiente frase que tal vez moleste a los religiosos:

> ***Puedo escuchar a Dios decir: «No esperes que yo manipule tu mente, debes ser tú mismo quien se esfuerce para alcanzar el éxito»***

Si no haces lo que *debes,* entonces todavía eres esclavo de la negligencia. *No hay nada peor que saber lo que debes hacer y no tener el dominio propio para hacerlo.* En mi adolescencia, escuchaba a los predicadores en la iglesia decir que Dios quería que me rindiera a Él, pero me daban una explicación de que: «Yo ya no iba a decidir en mi vida, sino que Dios tomaría las decisiones por mí», lo cual es incompleto. La verdad completa es que, siempre y cada día, seguiré decidiendo obedecer la sabiduría que Dios nos da. Cierto es que mi sabiduría ya no es la que me guía, pero es una realidad, asimismo, que sigo usando la mente y la voluntad (corazón) para decidirlo. En pocas palabras, por más rendido que esté a Dios, nunca seré un robot. Siempre seguiré siendo un hombre que obedece, cada día y de forma voluntaria, *hacer* las cosas a la manera de Él.

> ***La primera barrera del éxito será erradicada el día que hagas, sin titubear, lo que tu mente sabe y reconoce que debes hacer***

CAPÍTULO 6

La falta de preparación

La falta de preparación

Una vez que has vencido la pereza y la negligencia, el siguiente paso es la Preparación. No te inscribas en un curso de capacitación si no eres diligente, porque podrías abandonarlo o desistir antes de terminarlo. Asegúrate de que hayas cambiado tu interior antes de emprender un proyecto grande.

Lograr metas y objetivos no es por deseo, sino por preparación y actitud

No se trata sólo de motivación, sino de modificar el corazón (el «Yo») a través de la preparación o capacitación de la mente. La motivación en sí misma es un estímulo que sin preparación te llevará a la frustración. Permíteme explicarlo: muchos atletas llegan motivados 100% a las olimpiadas o al mundial de fútbol, pero regularmente son los mismos países que siempre ganan. ¿Ganan porque están más motivados? ¡Claro que no! Es la preparación la que te garantiza el éxito. Tienes que prepararte para poder vencer. La preparación es un entrenamiento que se recibe antes de enfrentar tus retos y te hace más fuerte emocional e intelectualmente. Retos nuevos representan nuevas áreas a capacitar.

No existe enemigo pequeño

El ingeniero que hizo el canal de Suez en África, generando un ahorro millonario al evitar que los barcos rodearan ese continente en su viaje a la India y la China, logró tal fama mundial que fue contratado para construir un canal en Panamá con los mismos fines. La longitud del canal de Panamá es mucho menor que la del canal en África. Sin embargo, no pudo lograrlo. Unos trabajadores morían de malaria mientras otros desertaban y no había avance de la obra. Finalmente, el Ingeniero renunció y se convirtió en un fracaso ante los ojos del mundo. ¿Sabes qué pasó y por qué no pudo aún con toda su experiencia? Porque en Panamá había un mosquito que transmitía una epidemia y mataba a los trabajadores.

La preparación no sólo se toma una vez. Debes estar en *constante y permanente preparación*. Finalmente, una delegación llegó de Estados Unidos a Panamá y pasó un año vacunando a las personas y aplicando pesticidas en ríos, estanques y charcas hasta erradicar la epidemia. Entonces, reiniciaron la construcción del canal, que exitosamente fue terminado sin mayores contratiempos.

¿Qué aprendemos de la historia anterior? Aprendemos que si contamos con alguna capacitación, no debemos confiar que es suficiente. Todo cambia, y *debemos actualizarnos y aprender no sólo sobre nuestro negocio, sino sobre lo externo* que podría afectar nuestro negocio.

Para seguir con la escalera del éxito, una vez implementada la diligencia, debemos agregar la sabiduría (la preparación). *«En el barbecho de los pobres hay mucho pan; más se pierde por falta de juicio (falta de sabiduría) ....» (Proverbios 13.23)* Tú puedes ser la persona más trabajadora que haya existido, pero si no agregas preparación y capacitación, no lograrás tu éxito.

Cuando se unen la preparación y la oportunidad, se da a luz el éxito

Nunca sabes cuándo puede aparecer, a la vuelta de la esquina, la oportunidad de tu vida, y si no estás preparado, sólo la verás pasar. Pero ¿quién se va a preparar si mentalmente tiene la idea de que no se presentará la oportunidad? Los principios que estoy enseñándote se unen para impulsarte a que te prepares.

El ave y el nido: la preparación

Ningún ave pone un huevo y luego piensa: «Necesito un nido». ¡Claro que no! Ahora, ¿por qué el ave construye un nido? ¿Porque está muy motivada? ¿Porque ve que las demás aves también los están construyendo? No: Un ave construye un nido porque se apareó con su pareja y está preñada. El ave, por instinto, empieza a construir su nido.

En términos de éxito, la preparación viene cuando te embarazas de un sueño. Quien tiene un sueño va a dar a luz ese sueño. De ahí la importancia de poner el sueño correcto en nuestra mente, pues si dejas que un pensamiento de éxito se quede en tu mente, ese pensamiento será el padre de tu éxito. Pero si dejas que un pensamiento de fracaso esté en tu mente, vas a dar a luz fracaso.

Creo que ya debes estar entendiendo la relación tan importante de todo esto y su origen: las palabras.

Las palabras son las semillas que siembran sueños; si oyes palabras de éxito, eso te generará sueños de éxito, y el sueño de éxito te llevará a prepararte para recibirlo y lograrlo

Al principio del libro, les dije que paso a paso les explicaría la importancia de las palabras, tanto las que oímos como las que decimos. Debes saber que mientras hablamos estamos tirando semillas. Cada palabra es una semilla que germinará un día. Te aconsejo que modifiques tu futuro, cambiando el principio de todo: *las palabras*. No se puede Soñar en éxitos sin palabras (semillas) de éxito. No te vas a sentir motivado si no tienes el sueño que te motive, y no te vas a preparar sin que estés «embarazado» del éxito que ya viene. Si siembras semillas de trigo, vas a cosechar trigo; si siembras semillas de fracaso ya sabes qué vas a cosechar. Te aconsejo probar lo que te digo, y empieces a sembrar palabras (semillas) de esperanza y fe en las personas que te rodean. Busca alimentarte con palabras que te siembren fe.

Continuemos con la preparación. Dice un proverbio antiguo: *«Sin bueyes, el granero está vacío; más por la fuerza del buey hay abundancia de pan...». (Proverbios 14.4)* El buey representa la estrategia o herramientas que elevan la producción. No se trata de trabajar como burros, sino se trata de obtener rendimientos. Si trabajas todo el día y no prosperas, o tienes muchos empleados y no tienes ganancias, necesitas sabiduría—trabajar con inteligencia. Lo que quiere decir el Proverbio anterior es que debemos implementar nuevas técnicas, métodos, programas, estrategias, equipos, computadoras, sistemas de comunicación, publicidad, internet, ayuda profesional en aquello que se requiera, *todo eso es preparación*.

Las estrategias, métodos, sistemas, técnicas y equipamiento, tanto físico como mental

Los bueyes representan a las herramientas, sistemas, métodos, técnicas, estrategias y equipo.

Cualquier persona puede ir a trabajar y sudar todo el día, pero no se trata de sudar: se trata de lograr los objetivos.

Algunas mujeres trabajan todo el día limpiando la casa, lo cual harían en menos de la mitad del tiempo con una mejor aspiradora, una máquina de lavar platos y lavadora más grande, e instalando aislamiento en las ventanas y puertas para evitar la entrada del polvo. Suma a eso un poco de disciplina en su marido e hijos y la casa estaría limpia con menos esfuerzo físico. Cuando te des cuenta de que estás trabajando mucho sin resultados convincentes, entonces busca las herramientas que agilicen el trabajo.

> ***La estrategia es un plan de acción que incluye: los pasos, orden de implementación, costo, tiempo requerido para realizarlo y los resultados esperados***

Es el medio que garantiza un resultado definido. En este libro, la única estrategia que te voy a dar para ser exitoso es la de cambiar tu mentalidad, y en los demás retos tú debes elegir o buscar cuál estrategia debes usar, porque cada objetivo requiere diferente estrategia.

Lo que sí te digo es que, si no implementas una estrategia ante un reto, entonces no lo lograrás. La estrategia responde a la pregunta, *¿Qué puedo usar para hacerlo mejor y más rápido?*

Tener la estrategia es tener el vehículo que te llevará al lugar donde quieres ir

Nos hemos acostumbrado tanto a usar automóviles cada día, que hemos desvalorado el principio de: «Siempre debemos usar un vehículo que nos llevará más rápido». Ahora, unamos lo aprendido: Si no has erradicado la primera barrera de éxito llamada «indisciplina»—repito y enfatizo—no avances a prepararte, porque la indisciplina te impedirá terminar tu capacitación e impedirá que implementes la estrategia hasta ver el resultado. De nada servirá tener una computadora nueva y no usarla.

La preparación

La preparación vence la segunda barrera del éxito. Cuando alguien dice: «deseo» y no lo intenta, es perezoso y se está engañando mentalmente. Recuerda: *«El alma del perezoso desea y nada alcanza; más el alma de los diligentes será prosperada...». (Proverbios 13.4)*

Entiende que el deseo no es suficiente, así como la motivación tampoco lo es. Gente motivada regresa fracasada porque les faltó preparación. La acción—o intento—tiene dos precedentes:

1. Deseo

2. Preparación

Intentar es después de prepararte

Debes desear y decidirte a prepararte. Si te das cuenta, la voluntad siempre está involucrada en cada paso al éxito. Sigue trabajando en el dominio propio y gobiérnate a ti mismo.

Ahora, ¿cuántas cosas has deseado y no las has alcanzado porque no te preparaste adecuadamente o porque ni siquiera lo intentaste? Debemos ser sabios y meditar: «Si en el pasado fallé, es porque no lo intenté o no me preparé adecuadamente».

Ubícate en las dos siguientes premisas:

1. Simplemente, «no lo intentaste» o

2. Lo intestaste, pero sin la preparación adecuada.

> ***El éxito no viene por deseo ni por motivación, sino como resultado de la preparación necesaria para alcanzar un sueño específico y de la provocación del mismo***

Cada reto requiere cierto grado de preparación. A mayor éxito, se requerirá mayor preparación. Mide cómo debe ser la preparación que necesitas; calcula cuánto cuesta y el tiempo que necesitarás para obtenerla:

a. Tipo de preparación que necesito.

b. Costo que representa mi preparación.

c. Tiempo que me requerirá prepararme.

Una vez que tienes esa información, sólo resta prepararte y después volver a intentarlo.

Una mente preparada para el éxito

Si sustituyes tus recuerdos de fracaso y piensas que con una mejor preparación, «sí lo vas a lograr», despiertas el hambre de innovar y aprender. Recuerda al elefante: Él sigue recordando que en el pasado no pudo y sigue mentalmente derrotado. La preparación te hace más fuerte y volverás a enfrentar aquellos retos que una vez eran más fuertes que tú.

La nueva información en tu mente de que *sí es posible con mayor preparación,* representa una verdad espiritual de fe, porque el pensamiento anterior que te dominaba—resultado de las palabras que habías escuchado—más la voz de la realidad, han sido reemplazados con las palabras: *Si te preparas, lo lograrás*. Unido a ello, está la prueba de conocer a personas que han logrado su éxito. Todo esto te generará un nuevo pensamiento. En otras palabras, te estás vistiendo de una nueva mentalidad.

Una verdad que te dice que *sí* es posible trae esperanza, y la esperanza trae fe, lo cual es hambre de investigar (con diligencia) lo que debes hacer—preparación—para lograrlo—intentarlo con valor. La *pasión* te mueve porque ahora sabes que sí es posible. Antes no estabas preparado y ya no lo intentabas, pero ahora esta nueva verdad crea esperanza y la esperanza te lleva a la *preparación*.

Y esa preparación te dará confianza y te llevará al intento

Es hermosa esa frase: Te dará confianza.

No se trata de desear el éxito, se trata de prepararte para él

No son las posesiones físicas las que te llevan al éxito sino las riquezas mentales las que te lo darán. Ser feliz y exitoso empieza con o sin riqueza material.

No importa cómo eres, ni cuánto tienes; lo que importa es cómo quieres ser y lo que quieres lograr. El éxito verdadero no empieza en función de lo que tienes, sino de lo que eres

Si eres pobre mentalmente, de nada servirá que poseas riqueza material, porque la vas a perder.

Se trata de prepararnos para lo grande, para que cuando lo alcancemos, sostengamos el éxito

Es como cuando vas a viajar *a un lugar que nunca has ido* y antes de hacerlo, sacas un mapa en internet, lo imprimes y usas tu localizador satelital, y entonces viajas con las instrucciones. Eso es prepararse para el éxito. En realidad, ya sabes por dónde y qué debes hacer para llegar a tu destino.

El éxito se alcanza primero con la mente y luego con las manos

Preparación permanente

Sería fácil que la preparación fuera sólo una vez. Sin embargo, es permanente. No sólo te preparas para el éxito, sino que debes seguirte preparando para sostener el éxito. Amplía tu visión. Este es el momento de darte una nueva mentalidad. No te prepares sólo para un éxito, sino prepárate para el éxito permanente. Un joven que era pobre empezó a ganar dinero y sabía que estaba prosperando, pero empezó a malgastar su dinero comprando cosas lujosas y contraer deudas mayores de sus ingresos. Terminó más pobre que antes, pues ahora tenía grandes deudas. ¿Qué pasaría si empiezas a prosperar? ¿Estás preparado para ser rico? ¿Estás preparado para el éxito? No sólo debes prepararte para el éxito, sino también para sostenerlo.

Alguien me dijo: «¡No sabía que debo prepararme para el éxito!». Cuánta gente debe de estar deseando el éxito, y el día que se abre la puerta de la oportunidad, fracasan. Tuvieron dinero, empresa, contratos y no los aprovecharon, como el joven del ejemplo anterior. Pregúntate: *¿Estoy listo para lo grande?* Ahora bien: *¿Cómo saber que estoy listo?* Es simple: cuando se presenta la oportunidad, debes estar capacitado para vencer y seguir venciendo.

El tamaño de nuestro éxito se define con el tamaño de nuestra preparación

CAPÍTULO 7

El temor

El temor

Vistámonos con una nueva mentalidad de éxito

Desde que nacemos, la mente se ha encargado de ayudarnos a entender y conocer el mundo exterior y con base en ese entendimiento de la vida, nos constituimos en personas conscientes de la existencia. Recordemos un poco cómo entendimos lo natural; fue algo así: De niños, las manos tocaban algo y la mente entendía que era duro, suave o caliente y lo grabábamos en la memoria.

Nuestra lengua probó los sabores: dulces, ácidos, agrios, etc. De la misma manera la nariz con los aromas y de esa manera, fuimos conociendo lo que nos rodea. Los cinco sentidos informaron a la mente acerca del mundo exterior. De esta manera, nuestra mente llegó a conocer y entender que existen diversos sabores, texturas, aromas, tamaños, temperaturas, etcétera.

La mente también fue el instrumento para conocer lo emocional y sentimental. Lo doloroso lo conocimos emocionalmente después de la «vivencia» de sufrir cualquier experiencia como traición, abandono, rechazo o fracaso. En esos casos, la mente le hizo saber al corazón acerca de esas experiencias específicas de dolor emocional, y que no debíamos confiar en cualquier persona, negocio, banco o abogado.

Fue entonces que *se desarrollaron funciones de autoprotección como: la desconfianza, la prudencia, la inseguridad y el temor*, entre otras cosas. Por el contrario, al vivir experiencias de amor y éxito, también desarrollamos la capacidad de amar y de poder confiar. Una vez experimentadas esas «vivencias», llega a surgir en ti el carácter (corazón) bueno o malo, según haya sido el tipo de «vivencias» accidentales o mal intencionadas.

Al igual que con este sistema de aprendizaje, será a través de nuestra mente que conoceremos y aprenderemos que entender y experimentar cosas nuevas nos cambiará y preparará para el éxito, y al ver esos resultados, sabremos y creeremos que fuimos creados para señorear, porque fuimos creados para ser grandes y para hacer cosas grandes. En otras palabras, *para ser más que vencedores,* según lo demuestra el mismo diseño. Si no pruebas el caminar o experimentar vivir bajo una nueva mentalidad, nunca sabrás si eres o no vencedor.

Una nueva mentalidad es como regresar al bosque a derribar el árbol que el día anterior no pudiste hacer caer con tu vieja hacha, pero ahora lo harás con una sierra eléctrica o regresar a sacar del lodo tu carro atascado que ayer no pudiste empujar con tus manos, pero ahora traes una grúa para sacarlo. Suena como una broma, pero así es: Aquello que ayer temías hoy lo vas a enfrentar con un corazón de león y una mentalidad de búfalo.

Por favor, no digas que *«no se puede»* si no has experimentado el poder de vestirte con una nueva mentalidad, acorde a nuestro diseño original.

Recapitulemos el proceso que hasta este momento hemos desarrollado para alcanzar el éxito:

1. Saber lo que quieres: *el sueño*

2. Saber lo que *eres o tienes*

3. Lo que necesitas para lograrlo (el puente o *estrategia* para lograrlo).

4. *La diligencia* - que implica disciplina, determinación, persistencia, la constancia y la pasión.

5. *La preparación*

6. Ahora es el momento de erradicar el temor; debemos ser *valientes*

Nota: Cada una de las barreras del éxito, por sí solas, tiene el poder para robar nuestro éxito. No necesitas tener *todas* las barreras del éxito para fracasar. *Una sola de ellas es capaz de robarte tu éxito*. Puede ser la indisciplina, la falta de preparación, el temor o la incredulidad.

Dentro de la barrera del éxito llamada *temor* sucede igual: Un solo temor que tengas en tu corazón podría robar tu victoria. *El temor es un estado emocional donde sientes inseguridad del futuro, basado en que no puedes controlar tu presente*. Lo debes erradicar de tu mente, sustituyendo esas palabras que te han generado el temor. Reconozco que aun una mentira es poderosa de producirte tal temor que te derrote. Las personas desarrollan miedos de lo que oyen, sea esto real o no.

Recuerdo que cuando era niño, mis vecinos

nos contaban unas historias de terror acerca de que se aparecían unas sombras, que se oían unas cadenas o que un muerto se aparecía. Inmediatamente después de oír esas historias, cuando regresaba a casa y me acostaba a dormir, no quería ni apagar la luz, pero ¿por qué la noche anterior no tenía ese miedo? Porque el día anterior no estaban en mi mente esas historias.

Finalmente, la regla es la misma: Lo que oímos o leemos también afecta nuestra valentía o temor. Voy a activar tu valentía mediante nuevos principios de este libro, porque sé que lo que oyes o lees afecta tu valentía.

La pregunta que surge es: ¿A qué le temes? Es momento de entender la fuente del temor y erradicarlo, porque si ya eres diligente y te has estado preparando, has vencido dos barreras del éxito, más si el temor te atrapa, ni siquiera lo intentarás.

Caminemos juntos en este sexto paso de la escalera del éxito. Enfatizo esto porque conozco a personas muy capaces que no se atreven a intentarlo por miedo, y ese miedo viene de lo que la mente ha escuchado durante su formación, como lo he venido mencionando.

Hoy es el día en que vas a enfrentar y vas a vencer tus miedos.

La memoria

Hemos sido diseñados para el éxito. ¿Por qué pienso que podemos lograrlo? Porque contamos con un dispositivo llamado *«memoria»*, que fue diseñada originalmente para:

> ***Poder aprender de los errores pasados para no volver a cometerlos y para repetir los aciertos para ser excelentes***

Continuemos aprendiendo del uso correcto de la mente. *La Memoria es para aprender, no para hacernos sentir fracasados.* Estamos diseñados para recordar a través de la memoria *todo* lo que hemos vivido; a lo vivido lo llamamos *«vivencias»*.

El punto es que muchas veces usamos incorrectamente la memoria. *Que la hayamos usado para estar acordándonos de que hemos sido un fracaso toda la vida, no significa que haya sido diseñada para eso.* No te equivoques usando la memoria para tu propia destrucción. La memoria que poseemos es natural y ella nos recuerda las cosas que han sucedido en el pasado, hayan sido buenas o malas. En concreto, tenemos dos maneras de usar la memoria:

1. *Forma correcta de usar la memoria:* Recordar los errores para no repetirlos y los aciertos para reproducirlos.

2. *Forma incorrecta de usar la memoria:* Recordar los errores para sentirnos fracasados y temerosos de volverlo a intentar.

Lo importante es instrumentar correctamente el uso de la memoria, porque podríamos atender más los recuerdos de fracaso, traición, engaño, etcétera, lo que nos generará temor. *Esa es la raíz del temor: el recordar el pasado en que fracasamos,* olvidándonos de aquellas experiencias que nos hacen mejores personas. Ese es el objetivo de analizar la memoria: *Poder aprender a usarla correctamente para ser libres del temor.*

Fuimos diseñados para comparar el pasado con el presente para edificar un mejor futuro

Sin embargo, el mal uso de la memoria se ha encargado de que en nuestra mente dominen los pensamientos de fracaso y temor. Entérate de esto: La mente no manda. Quien manda eres tú mismo—el corazón. Este es el día en que esos pensamientos de fracaso y temor se van a ir de tu mente y nunca más volverán a dominar tus pensamientos.

El día en que entiendes que puedes controlar tus pensamientos, será el día en que ha empezado tu transformación

La memoria es para aprender, no para temer

No se trata sólo de desear cambiar tu mentalidad, sino de lograrlo. *El deseo mental sin acción* es un escudo de autoprotección que hemos usado para sentirnos bien, y decimos: «Sí deseo cambiar» incluso cuando no cambiemos. Todo el mundo desea cambiar, pero no todos cambian. Debemos ir un paso adelante en nuestros pensamientos y pisar el terreno de las decisiones—la voluntad. Recuerda:

Desear no sirve, si no te preparas y lo intentas

Permíteme seguir explicando cómo funciona la memoria. Si mis vivencias fueron malas, la memoria fijará y unirá emociones negativas a esas experiencias. Por ejemplo: Si has perdido a un ser querido a temprana edad, surge en ti un temor a la muerte que te persigue inconscientemente, y aborreces el olor a flores porque los aromas te vinculan al recuerdo o si has fracasado en alguna empresa o negocio, tienes aversión a volver a invertir (con mayor razón, si por culpa de alguien fuiste dañado financieramente). De ahí, tenemos dos grupos de *vivencias negativas*:

1. Las naturales o accidentales.

2. Las causadas por personas mal intencionadas.

Cualquiera que haya sido la fuente de la «vivencia» negativa, ésta tiene el mismo efecto en el corazón: *el temor*. El temor es un mecanismo natural de defensa que tenemos por diseño para autoprotección (instinto de conservación) y surge en casos de riesgo, como cuando estás en un lugar alto y sientes temor, teniendo cuidado para no caer.

Sin embargo, lo hemos dejado convertirse en una cárcel mental, como para el elefante. Ese temor natural que era para protección, ahora no nos deja intentarlo otra vez. Quiero repetir y enfatizar: El temor es algo que tenemos para evitar accidentes o evitar ser atacado por un animal salvaje. El temor fue diseñado para que cuando te expusieras al peligro, evitaras el accidente. No obstante, lo hemos aplicado mal. El temor ha evolucionado a tal grado que se ha convertido en nuestra cárcel mental. Ahora no hacemos nada por temor. Ni siquiera puedes dormir con la luz apagada. Por eso el temor es la tercera barrera del éxito y es nuestro enemigo a vencer.

El temor nace de un pensamiento que yace en tu memoria, como un recordatorio perpetuo, de que *bajo circunstancias similares a las actuales te pasó algo malo, dañino, destructivo* y que se puede repetir, ya que las circunstancias son parecidas a aquéllas que experimentaste durante esa vivencia negativa.

Hasta este momento, has aprendido que si te preparas, te harás más fuerte y podrás superar aquellas experiencias que en el pasado te dañaron o causaron miedo, pero esta vez serás el vencedor. Sólo debemos prepararnos más. Nadie fracasa en aquello para lo que se prepara primero correctamente antes de volver a enfrentarlo. Vamos a enfrentar otra vez esas experiencias que en el pasado nos derrotaron, pero ahora seremos más fuertes y las venceremos.

Voy a describir cómo el temor puede robarnos el intento, comparando a dos personas diligentes y preparadas; la diferencia es que una tiene temor y la otra no, y veamos los resultados.

Una mujer fue expulsada de su departamento por no pagar la renta, pues no tenía empleo. Durmió en su carro junto con las pocas cosas que pudo meter en él. Esa noche hasta Dios salió culpable de su situación, y en medio de su desesperación, le reclama a Dios: «¡Ayúdame!».

Entonces viene a su mente un pensamiento: *«Usa lo que tienes»*. Se pregunta: *«¿Qué tengo?»* y sólo encontró su teléfono celular, su carro, su ropa usada y pequeñas cosas que había podido rescatar.

Entonces, le viene a la mente la idea de vender

por teléfono lo poco que tenía. Pensó: *«Mi celular tiene un mes de crédito y lo que use, lo puedo pagar el mes que viene»*.

Entonces empezó a vender sus cosas, y no sólo sus bienes personales, sino hasta lo que no tenía. Es decir, se puso de acuerdo con unos vendedores de autos y vendió carros a sus amigas y amigos ganando una comisión. Empezó su tienda por teléfono.

Es emocionante ver a alguien en medio de su fracaso y sin un aparente futuro, atreverse a hacer eso. Tuve el privilegio de tenerla frente a mí y oír su historia de sus propios labios. Ahora es una millonaria que tiene su propio canal de televisión donde sigue vendiendo, por teléfono, lo que no es suyo.

Ahora, la historia de esta otra mujer que tiene las mismas capacidades o talentos intelectuales y por cierto, también los mismos límites financieros que la mujer anterior. Le ofrecen un negocio de ventas por teléfono e internet y le dicen: «Tú sólo vas a contactar a los clientes, nosotros te proveemos el producto y ganas una utilidad por reventa». Ella contesta: «No, porque no soy buena para hacer eso, no se me da, no me gusta ese tipo de relaciones por teléfono». Obviamente, no se ha hecho millonaria porque ni siquiera lo intentó.

Basta ya de justificarnos o escondernos bajo esas frases de «Yo no soy bueno para eso» o «No se me da lo de las ventas» o «No es mi fuerte». Posiblemente en el pasado, hiciste el ridículo en algo que intentaste y ahora tienes miedo de fracasar y no se te ha dado el éxito. Pero eso no te limita a que puedas hacerlo.

El temor te roba tus bienes antes de poseerlos, porque te roba el intento

Es más fácil robarle un huevo del nido al águila, que atrapar una en su vuelo. Es más fácil que el temor robe tu sueño, que robarte una empresa próspera. Por tanto, te darás cuenta de que el temor tiene la cualidad de robarnos el primer paso al éxito (El Sueño) pues si no puedes imaginártelo, tampoco podrás intentarlo. El temor puede detenerte cuando vas a comenzar tu empresa, diciéndote que no lo vas a lograr. Cualquier cosa que el temor esté deteniendo antes de intentar, debes prepararte y volver a enfrentarlo. Te sorprenderá que te diga que debes enfrentarlo, pues algunos escritores motivacionales te dirán: «Usa tu lado fuerte y sácale provecho», mas ahora vas a aprender que los vientos contrarios no son para evadirlos y luego buscar el viento a favor, ¡claro que no! Te estoy compartiendo una nueva manera de ser exitoso.

Habrás notado que en todos los aeropuertos hay un asta con un cono flexible de color naranja para que los pilotos sepan de qué lado está soplando el viento. El piloto, para poder despegar, debe alinear su avión en el extremo de la pista del lado opuesto a la dirección del viento. Es decir:

Debes tener el viento en contra, para poder empezar a volar

En la antigüedad, el negocio de los barcos o

navegación marítima fue muy próspero, ya que usaban el viento a favor con las velas en alto. Sin embargo, actualmente, las aerolíneas son mucho mejor negocio, puesto que usan el viento en contra para despegar sus aviones. Esa es una mentalidad invencible: «Viento a favor o en contra, vas a poder volar».

Las alas

Un niño veía que la oruga transformada en mariposa luchaba por sacar sus alas del capullo, y emocionado—pues sólo había visto eso en la televisión—corrió a casa, trajo unas tijeras y rápidamente liberó las alas de la mariposa. Grande fue su sorpresa al ver que aquella mariposa nunca pudo volar a pesar de tener un par de alas multicolores.

Tiempo más tarde, el niño supo que el esfuerzo que la mariposa hace para romper el capullo y sacar sus alas realmente es un paso obligatorio para que sus alas se ejerciten y se fortalezcan y como él no dejó que la mariposa luchara contra el capullo hasta romperlo, sin saberlo, liberó unas alas débiles e inútiles. Entiende que la adversidad que está delante de ti es para que ejercites tu fe y para que después de enfrentar la adversidad, tu mente y corazón se conviertan en una fortaleza. Si no tuvieras dificultades o problemas, serías el ser más débil emocionalmente. ¡Gracias por las adversidades!

Bajo ese principio de desarrollo, la próxima vez que veas una adversidad más grande y fuerte que tú, sabrás que *tú eres grande y fuerte,* porque el avión no despega, sino hasta que la resistencia del viento sea mayor que el peso del avión.

> ***Necesitamos que nuestros problemas sean mayores que nosotros para que nos desarrollemos***

Es como si un boxeador se entera de que su contrincante es pequeñito y débil. Ni siquiera entrenará, pues sabe que fácilmente lo vencerá. No obstante, regularmente no pasa eso. Boxeadores que han sostenido su título de campeón mundial de peso «x» por muchos meses, deciden subir de peso para enfrentar a otros boxeadores más fuertes. Si tu adversario no fuera más fuerte que tú, nunca nacería en ti la iniciativa de entrenarte para elevar tus fuerzas y seguirías siendo el mismo mentalmente. Esto es hermoso. Las adversidades que están delante de ti sirven para que crezcas y te desarrolles, porque la lucha ante un adversario más fuerte que tú te invita a prepararte y ser más fuerte.

Debo llegar a ser aquello para lo que fui diseñado... ¿Quién soy?

¿Quién se hubiera imaginado que Dios mismo te haya metido en un problema? Las oraciones de millones de «cristianos» se escuchan así: «Dios mío sácame de este problema»; lo mismo que si la oruga transformada en mariposa le dijera a Dios «Sácame de este capullo». En ambos casos, Dios no los va a ayudar. Dice: *«Dios no permitirá ser tentados más de lo que puedas soportar...», (véase 1 Corintios 10.13)* entonces las dificultades que estés pasando son de tu tamaño, ese «gran problema» es a tu medida. Por eso la pregunta que es el título de este párrafo: ¿Quién soy? Eres del tamaño de los problemas que te están desafiando. Sólo atrévete a creer que tus sueños son más grandes que tus problemas y la balanza de tu actitud se inclinará hacia la fe.

La imaginación

Este es uno de mis temas favoritos: el control de los pensamientos de la mente; porque finalmente la mente es nuestro piloto. Como en el ejemplo de las dos mujeres con las mismas posibilidades brotaron diferentes decisiones. En una, el temor era su piloto. Por eso es determinante revisar los pensamientos que ocupan nuestra mente y verificar si estamos dejando que pensamientos de temor y duda estén ocupando nuestra atención. Porque recordemos que:

Lo que ocupe nuestra mente, forma y moldea nuestra mentalidad

...la cual es crucial en lo que somos y llegaremos

a ser. Cuando siembras un hueso de aguacate, germina y crece un árbol que un día producirá … efectivamente: aguacates. Asimismo, el tipo de pensamiento que dejemos en nuestra mente un día dará su fruto. No dejes jamás que un pensamiento de fracaso viva en tu mente.

Atendamos nuestros pensamientos, así como atendemos cada bocado de alimento que ingerimos. Recuerda los conceptos básicos: el pensamiento se ocupa de cosas ya vividas—el pasado—y de cosas del futuro—imaginación—y estos pensamientos *forman la mentalidad*. Lo que urge es revisar qué tipo de pensamientos estamos atendiendo. Porque ellos moldean nuestra mentalidad.

> ***No podemos evitar que un recuerdo o pensamiento fatalista llegue a nuestra mente, pero sí podemos evitar que permanezca allí***

Del pasado, hay dos tipos de recuerdos: vivencias negativas y positivas, y del futuro, también hay dos tipos de imaginación: de fracaso y de éxito. Según el tipo de recuerdos que dejemos que dominen nuestros pensamientos, nos generarán *futuros acordes a nuestra imaginación*.

Si tus pensamientos han llegado al nivel o costumbre de recordar sólo las cosas malas e imaginarse un futuro devastador, y luego vives en función de ellas como si fueran a suceder, *estás en el camino del temor y generarás fracaso*. Recuerda los conceptos básicos: La mentalidad es *el resultado natural de las experiencias o pensamientos que hemos acumulado o atendido*. Los «recuerdos» que pongas en tu pensamiento activo te influenciarán, y sobre eso, tomarás decisiones.

Dado que quiero que te renueves mentalmente, debemos reemplazar esa vieja mentalidad, la cual está representada mediante tus actuales palabras, pensamientos y actitudes negativas.

Examinémonos: ¿Cuántas cosas estamos viviendo, producto de decisiones que hemos tomado acerca de situaciones que hemos imaginado sin siquiera ser reales? Si tienes la costumbre de imaginar cosas malas o de fracaso y tomar decisiones como si éstas fueran reales, has caído en la trampa de la imaginación fatalista.

Es como aquella joven que le llama a su tía y le dice: «Por favor consígueme trabajo ahí en tu oficina» y su tía pregunta: ¿Te despidieron de tu trabajo? a lo que ella contesta: «No, aún no, pero *me imagino* que pronto porque oí que van a despedir a diez personas de mi departamento». Ella está actuando sobre una imaginación mental.

Recuerda que no todo lo que nos imaginamos sucede. Esa costumbre de imaginarte lo malo es muy mala y su raíz es que has crecido bajo «vivencias» que así te han habituado, como mencioné en la formación de nuestra personalidad y carácter. Me he encontrado con mucha gente que, sin ellos darse cuenta, dejan que su imaginación guíe sus vidas y lo malo es que se imaginan solo cosas malas.

Nuevas palabras generarán nuevos pensamientos

Cuando usas tu mente como un supervisor de tus pensamientos y encuentras que has estado viviendo bajo la influencia de la imaginación negativa de tu futuro, notas que también tus palabras y actitudes son así y no estás lejos del fracaso. Cuando alguien piensa que va a hacer frío, se pone un abrigo y así sale a la calle. ¿Quién le dijo que va a hacer frío? El sistema climatológico. ¿Quién le dijo a una persona que NO va a ser exitosa? Su mente. Entonces sale a la calle con el pensamiento de que no hay oportunidades. ¿En qué se basa el sistema del clima para decir que va a hacer frío? En satélites y sensores del viento. ¿En qué se basa tu mente para pensar en el fracaso? En palabras que tus padres o amigos expresaron acerca de que tú no eras capaz de lograr el éxito, y de recuerdos de que en el pasado no lo lograste. Así las palabras negativas, unidas a tus recuerdos y realidad, gritan a tu mente que no lo lograrás. Debemos sustituir esos pensamientos negativos (recuerdos) por otros pensamientos (positivos).

No olvides que está en nuestras manos lo que pensamos: al cambiar lo que oímos, cambiamos los pensamientos. La sustitución viene de leer y escuchar palabras que te enseñen a ser mejor.

> ***Palabras negativas generan pensamientos y palabras negativas. Palabras positivas generarán pensamientos y palabras positivas***

Alguien escribió acerca de los malos pensamientos: no los podemos evitar, como no se puede evitar que vuele un pájaro sobre nuestra cabeza, pero sí podemos evitar que haga un nido sobre ella. Entonces, no podemos evitar que el pensamiento de fracaso o muerte venga, pero sí que domine nuestra mente. El cambio viene cuando modificamos lo que oímos y leemos. Eso, gradualmente, reconfigurará nuestra imaginación.

Cuando alguien se imagina un futuro de éxito, esa persona hará un cuadro mental de cómo es su futuro. Visualizará su futuro (El Sueño) y en función de ese futuro, ocupará su mente con pensamientos relacionados con ese Sueño, y se preguntará: *¿Qué debo hacer ahora para llegar a lograrlo?* Y al constantemente pensar en la forma de realizar tu Sueño, las palabras también empezarán a ser parte de una nueva mentalidad. Tu nueva mentalidad positiva empieza con un Sueño exitoso.

Ejemplos de la influencia que tiene la imaginación

Lo que te imaginas está afectando tu corazón sin que te des cuenta. La motivación mental está íntimamente relacionada con lo que te imaginas, y a su vez, lo que imaginas está íntimamente relacionado con lo que has oído y leído.

Evalúate, haciéndote esta pregunta: ¿Cómo empiezas el día cada mañana? Si empiezas pensando que la compañía de todos modos va a cerrar o que no es suficiente lo que te pagan por hora, o llegas a la escuela pensando que tal vez no consigas la beca y tengas que abandonar tu carrera, entonces esa imaginación te programa mentalmente, desmotivándote antes de ir a trabajar o estudiar porque estás creyéndole a tu mente y, sin darte cuenta, tu actitud mental (imaginación de lo adverso) va a afectar tu rendimiento en el trabajo o la escuela. Como no estás motivado mentalmente, llegas tarde, no cumples tus tareas y no pones tu mejor esfuerzo. Por lo tanto, cuando despiden a esas diez personas, ¿a quién crees que van a despedir? ¿Al diligente o al perezoso? ¿A quién le van a dar la beca? ¿Al de altas o bajas calificaciones?

Sin darnos cuenta, atraemos el fracaso por actuar bajo la dirección de una mente desmotivada que ha creído a la imaginación negativa del futuro y cuando te despiden, dices (haciendo alarde de sabiduría): «Ya lo sabía. Por eso ni me esmeré estos meses». ¿No sabes que, por NO esmerarte durante esos meses, te despidieron? ¡Despierta! No te dejes guiar por tu imaginación.

Si trabajas sin motivación porque escuchaste que van a despedir a la mitad de los empleados, caminas por la vida con un corazón que no es liviano, porque lleva el peso del pesimismo.

Analicemos: al trabajar sin motivación, sin darte cuenta, tú mismo estás colocando tu nombre en la lista de los que van a despedir, porque van a despedir a los más perezosos e irresponsables. Lo que debes hacer es sustituir tus pensamientos con uno de preparación donde te digas: «Si soy el más puntual y productivo, a mí no me van a despedir».

Aquí está la relación de la mente con el corazón: *Lo que pongas en tu mente, lo vas a creer en tu corazón y lo vas a provocar.* Como el que llegaba tarde, que no se esforzaba y luego lo despidieron. Este tipo de personas no saben que ellos mismos, por su imaginación pesimista, afectaron sus palabras y actitudes mismas que les hicieron perder el empleo.

Por otro lado, la persona que se imagina que no lo van a despedir, va a creer en su corazón que no lo van a despedir, y actúa mentalmente motivado, es puntual y rinde al máximo. Cuando vienen a despedir personal no lo despiden, y dice: «Sabía que no me iban a despedir». Y aun cuando así fuera, su buena fama de excelente trabajador le abre puertas rápidamente en otro lugar. Eres más útil con una mente motivada y sin empleo, que sin motivación y con empleo; porque el que se imagina un buen futuro, lo creerá en su corazón (tiene Fe). Por lo tanto, hablará y actuará así, y pronto le llegará el éxito.

Un hombre me dijo que se cambiaría de estado para encontrar trabajo. Yo le dije: «A donde vayas va a ser igual. Tú defines si hay trabajo o no».

Dije que la mentalidad es lo que nos mueve. La mente te puede llevar a tu éxito o te puede llevar y dejar en un lugar llamado conformismo. Esa zona de confort es la fila para entrar al salón del fracaso.

Todo pensamiento del pasado (recuerdo) donde perdimos, se convierte en una atadura mental (Temor) como para el elefante. *Que el día de ayer no hayas alcanzado tu éxito, no significa que no puedas alcanzarlo hoy.*

El yugo del buey

Una mente presa del temor es una mente derrotada y proclive al fracaso, así como los bueyes que usaban para arar la tierra eran unidos con un yugo, *el cual representa las derrotas pasadas*. Siempre el yugo debía unir a dos bueyes. ¿Sabes por qué necesitaban dos? Para que cada buey pensara que el otro lo estaba jalando, diciéndose: *«Yo también debo avanzar»* y cuando avanzara, jalara al otro. De esa manera, el otro pensaría que su compañero lo estaba jalando. Finalmente, los dos son engañados por *el yugo*. Ambos sirven para engañarse mutuamente.

> ***Si has trabajado al lado de gente pobre y fracasada, eso ha influenciado fuertemente tu mentalidad, pues piensas que es normal***

Trabajar al lado de fracasados, te mantendrá

ahí en el fracaso. Piensa por un momento en el tipo de personas y lenguaje que a diario te rodea, pues ahí podría estar la fuente de tu mentalidad y si necesitas nuevos amigos, ¡adelante, ve por ellos!

Una mente atada al fracaso trabaja sin propósito, sin ganar nada con ese esfuerzo y sentirse bien. No porque tus padres fueron pobres, tú debes ser igual. Que tus amigos hayan fracasado, no significa que tú también debas fracasar.

El día que tu mente sepa que ese temor que te detiene a atreverte a cosas grandes puede desaparecer cuando te capacites y prepares, entonces lo empezarás a hacer, porque la preparación te hace saber que la adversidad realmente ahora es más débil que tú, y pelearás contra el fracaso y la pobreza, y los vencerás.

Resumiendo:

1. Palabras nuevas de motivación crean nuevos pensamientos y erradican las imaginaciones pesimistas.

2. La preparación te hace más capaz y esa nueva capacidad te da confianza y te impulsa a volver a enfrentar viejos temores.

No dejes que el temor tome el timón de tu mente, pues sólo sabe manejar hacia el fracaso

La vergüenza, una barrera a vencer

No importa qué ridículo hayas experimentado en el pasado. Si te preocupa fallar y volver a hacer el ridículo, entonces tienes *orgullo* y el orgullo te estorba. Es un pensamiento oculto en tu mente que te dice:

Tú eres perfecto y no puedes fallar ante de los demás

Ese pensamiento, en realidad, es un reflejo de inseguridad y de baja autoestima; lo escondes en esa idea de que no quieres volver a hacer el ridículo. *El orgullo es dañino y autodestructivo porque no te deja intentarlo debido a que podrías hacer el ridículo.* Sin embargo, quienes se arriesgan a hacer el ridículo, se están arriesgando a tener éxito.

Un futbolista francés llamado Michel Platini falló un penal en los cuartos de final de la Copa del Mundo en 1986. En aquellos días, Platini era considerado por todos como uno de los mejores futbolistas del mundo, pero ese día hizo el ridículo ante millones de aficionados de todo el orbe; ¡*falló un penal*!

Sin embargo, después del ridículo, ahora es el Presidente de la UEFA y generó millones de dólares en sus torneos europeos.

> ***Ahora Platini es un hombre que se hace rico en ese medio donde un día hizo el ridículo***

Si no estás dispuesto a hacer el ridículo, nunca estarás dispuesto para el éxito.

> ***Debes estar dispuesto a hacer el ridículo, porque la antesala del ridículo es la misma antesala al éxito***

Usa la memoria para que no repitas los mismos errores, te acerques a tu victoria y no tropieces con la misma piedra. Intenta, otra vez, aquello en lo que fallaste, pero hazlo de una manera diferente o se formará un temor a eso. Entonces, debes «prepararte» (capacitarte) mejor para que no vuelvas a fallar. Usa la memoria para no hacerlo igual, *porque si te enfrentas con las mismas fuerzas con las que fuiste vencido, el temor tendrá razón y volverás a fallar.* Debes volver a enfrentarlo, pero más preparado, lo que te dará confianza y seguridad de ganar. La preparación disipa el temor.

Ese es el orden de este libro, primero la preparación y después la erradicación del temor, pero recuerda:

¡No es que no puedas, es que no sabes!

¡Si otros pueden, es porque ellos ya saben, por lo tanto, vamos a seguir preparándonos!

CAPÍTULO 8

La incredulidad

La incredulidad

Una mente preparada para el éxito debe empezar a creer que es posible, aun cuando no lo tenga todavía. *Suena extraño.* ¿Cómo voy a sentirme exitoso, sin serlo realmente? Simple: Después de que te has preparado más, tus resultados serán mayores.

Esta verdad en tu mente que te dice que: «Sí es posible, si me preparo» te traerá libertad de aquella atadura del «No puedo porque soy un fracaso». Y esta es la verdad que estoy desarrollando en este libro: Si puedes creer, al que cree todo es posible.

Esta nueva verdad entra a tu mente y halla eco en las palabras de «Si puedo creer, lo lograré, y si no sé creer, voy a enfocarme en aprender». Recuerda: No es que no puedas, es que no sabes.

No estoy exagerando cuando te pido que no confíes en tu mente negativa, pues se ha visto que esa costumbre nos destruye. *Si mi imaginación pesimista del futuro está siendo parte determinante en mi toma de decisiones, entonces, mis pensamientos pesimistas guían mis acciones. A eso se le llama incredulidad.*

Muchos han confesado que cuando llegaron a los Estados Unidos, un país de oportunidades, soñaban con comprar una casa o alcanzar el sueño estadounidense; pero después de la intensa campaña acerca de que todo es crisis y depresión económica, han cambiado sus planes y ahora piensan: *«Nada más reúno una buena cantidad de dólares y me regreso a mi rancho»*. ¡No hagas eso! Las riquezas sólo están cambiando de mano. El banco Washington Mutual cerró y pensamos, «Hay crisis». Sin embargo, otro banco llamado Chase lo compró. Para Washington Mutual era fracaso, pero para Chase fue oportunidad. Si en verdad fuera tiempo de crisis, Chase no invertiría su dinero.

En San Diego, California, hay un centro comercial llamado «Plaza Bonita». Ahí un negocio cerró años atrás porque estaba ubicado en el lado menos transitado, el lado aburrido y nadie caminaba por esa ala del centro comercial. Ahí estaba un carrusel viejo y varios locales vacíos. Nadie quería poner su tienda ahí.

No obstante, otra empresa observó este hecho con otra mentalidad y pensó: *«Puedo crear algo nuevo»* y ahí se edificó el mejor lado de la plaza con cines, tiendas, restaurantes, estacionamiento bajo techo y ahora todos queremos estacionarnos de ese lado del centro comercial. Incluso algunas tiendas de la misma plaza se cambiaron a los nuevos locales de esa ala sur. Lo que para unos es área de fracaso, para otros es área de oportunidad.

Me pregunto: ¿Cómo es que el mismo lugar generó dos pensamientos diferentes? Una persona pensó: «Aquí no hay negocio» y otra se paró en el mismo lugar y dijo: «Aquí hay negocio». Ahí, en la situación en la que estás, puedes pensar: «No se puede», y otro puede venir y pensar «Sí se puede». La diferencia está en tu mente y en tu corazón.

En los años 1930, sucedió lo que se conoce como «la Gran Depresión Económica» de Estados Unidos, y muchos empresarios se suicidaron por la crisis; pero los que no lo hicieron, sin ellos saberlo, estaban entrando al mejor momento de abrir negocios: Muchas diferentes industrias surgieron y otras regresaron con mayor fuerza.

Aquellos que se suicidaron nunca se imaginaron que lo mejor del mundo de los negocios estaba en puerta, ni que las oportunidades de inversión estarían en cada esquina.

Los ingresos de las nuevas empresas eran cifras que los empresarios de los 30 nunca pensaron que fuera posible facturar anualmente por vender productos en todo el mundo.

Empezó lo mejor de la industria automotriz, lo mejor en compañías de la construcción de carreteras y puentes, los más grandes consorcios de la edificación de condominios y de barcos; lo mejor en compañías de transportes terrestre, y no olvidemos el gran negocio de la aviación comercial o de carga, el auge en el negocio de radio y televisión, las comidas rápidas, las marcas de ropa, etc. No tienes idea de cuántas compañías han surgido después de los 30 y han convertido en millonarios a sus inversionistas.

Entonces ¿Por qué se suicidaron aquéllos? Por creerle a su imaginación pesimista y fatalista. No siempre perder dinero es el fin del éxito; En realidad puede ser la puerta para tu gran victoria.

Sólo la fe te puede hacer actuar en medio de una aparente crisis.

Déjame contarte de un hombre de la antigüedad llamado Isaac. Vivía en medio de una sequía aguda y en aquellos días, la lluvia y la sequía determinaban la abundancia o la escasez, respectivamente. Seguramente, que ese año cálido y seco no invitaba a sembrar. ¿Quién va a sembrar en una tierra seca donde no parece que va a llover? Sorpréndete: Isaac sembró aquel año y cosechó al cien por ciento. La clave de su éxito es que sembró cuando nadie lo estaba haciendo, y cuando empezó a llover, su semilla ya estaba sembrada, cuyo resultado fue que él fuera el primero en cosechar.

No dejes que esta pequeña historia económica que se oye hoy robe tus sueños. No le creas. Míralo como debe ser. Ahora debes entender por qué estoy tratando de que cambies tu mentalidad: Porque fuimos creados con un diseño diferente del que estamos viviendo; fuimos diseñados para creer que cosas pasarán, aun cuando las apariencias no estén a nuestro favor. ¡Atrévete! No fuimos creados para suicidarnos, para rendirnos ni para frustrarnos. Podemos llegar a superar nuestros obstáculos, vencer nuestros temores, cambiar nuestro entorno y creer que todo es posible.

En lugar de pensar que no hay trabajo, ¿no será que los precios de las casas están bajando para que puedas comprar la tuya? ¿o que otras empresas cierren para que tú emprendas la tuya? Cualquiera que sea el problema que estés viviendo, si dices: «No puedo seguir pagando la casa», otro vendrá, la comprará y la seguirá pagando. No vamos a rendirnos ante las circunstancias. No te suicides como los empresarios de los años 30. Ellos se suicidaron, pensando que ya no había buen futuro e inmediatamente se levantaron nuevas y mejores empresas. *Precisamente es solo una actitud diferente ante el mismo problema la que puede cambiar la vida.*

Atrévete a intentarlo

Cuando modificamos nuestra mente,

modificamos nuestro futuro. Porque ahora piensas que las cosas pueden cambiar y te preparas para lograrlo, y cuando hay ese pensamiento en tu mente, tus palabras serán en esa línea y tus actitudes también.

¿Has pensado en el momento cuando el águila va a volar por primera vez? ¿Te has preguntado qué piensa el águila? *«¿Funcionarán mis alas? ¿Qué pasará si no vuelo? ¿Y si caigo?»* ¿Has pensado qué piensa la gallina cuando está por primera vez incubando sus huevos, porque nunca lo ha hecho antes? ¿Acaso pensará: *«Ya pasaron muchas horas y nada»?* Espera hasta días sin comer, pero luego sale a comer rápido y regresa a incubar. ¿Pensará: *«Ya tengo 3 días y nada, 8 días y nada, 15 días y nada»?* ¿Por qué no deja su nido y se va? Porque fue creada para esperar un resultado. Tú y yo también fuimos creados con un diseño específico de actuar para esperar un resultado. Por tanto, empecemos a poner en nuestra mente el pensamiento de: *«Fui creado para creer y para vencer».*

Hemos llegado a la meta de este pequeño libro: Que logremos creer con el corazón y no desistir hasta vencer.

Todos los que hemos usado una computadora y hemos luchado con un virus, hemos experimentado esa «vivencia» de enojo porque alguien mal intencionado nos arruinó nuestra información. Esa «vivencia» que nos provocó enojo, para otros fue una «vivencia» que les despertó una oportunidad de éxito y crearon los programas de «antivirus».

Ahora hay compañías, cuyo negocio es vender antivirus y les ha hecho enriquecerse. No te sigas enojando con los problemas, ¡sácales provecho!

No tengo la intención de que todo mundo se convierta en inventor, sino que todo mundo se convierta en gente que aprenda a identificar sus funciones mentales y las use para su provecho, quienes en lugar de quejarse de la realidad, hagan algo por mejorarla.

El reto es atrevernos a decir: *«Diga el débil: "Fuerte soy"...». (Joel 3.10)* ¿Cómo puedo decir lo que no soy? Eso es creer que va a suceder.

Si no puedes decirlo con la boca, menos lo podrás intentar con acciones

No hacerlo es como rechazar ir al gimnasio, porque pienso que no voy a bajar de peso. Pensar, hablar y actuar como grande te demuestra a ti mismo que sí crees que va a pasar.

La fe es integral: mente, palabras y acciones

Esa es la clave. Nadie nació siendo campeón de boxeo. El campeón empezó a entrenarse como si un día lo fuera a lograr. Empezar a modificar la mente y las palabras te ponen en el camino al éxito. Eso es enseñarle a la mente a prepararse para lo grande; de otra manera, nunca lo lograrás. ¡Debes atreverte a empezar!

Una mentalidad de fe vive en lo positivo

Esto es fundamental: quien conoce su meta, sabe lo que debe hacer para lograrlo. La fe no es ciega como el amor; la fe no es ir a una iglesia los domingos: la fe tiene poder para cambiar las cosas. ¿Por qué puede cambiar las cosas? Porque ya lo visualizaste.

Si lo puedes imaginar, entonces lo puedes realizar

Cree que así será. Piensa en ese sentido. Habla en esa línea y actúa para que suceda.

Visualiza tu éxito diseña tu futuro

Un hombre contrata a doce trabajadores de la construcción y les dice: «Este es mi terreno. Empiecen a trabajar.» Ellos preguntan: «¿Tienes los planos?» Él responde: «No. Todo es por fe. Ustedes empiecen a trabajar». *Eso no es fe.* Suena a fe porque tiene elementos de fe, pero *no lo es.* Para que nuestra fe sea real, debe ser: inteligente, objetiva, propositiva, específica y lineal, para que cada paso de fe que demos, nos acerque a nuestro éxito. Debemos conocer, detalladamente, nuestra meta. Un hombre de fe dijo: *«Yo, por mi parte, no corro a ciegas ni peleo como si estuviera dando golpes al aire.» (1 Corintios 9.26 DHH)* De ninguna manera, pienses que la fe es ciega. No. La fe siempre tiene la certeza de lo que espera y la certeza de que sucederá.

Escalera del éxito

1. Tu sueño
2. Tu realidad
3. La estrategia
4. La disciplina
5. La preparación
6. La valentía
7. La fe

Cuida lo que imaginas

Cada pensamiento en dirección diferente a tu éxito, te aleja de él. Es como aquel hombre que, al enterarse de la crisis, cierra su compañía. Él está dando pasos hacia el fracaso y no hacia el éxito. Por el contrario, quien tiene una mentalidad de éxito, cuando oye de crisis, el instinto de conservación se activa en él y también en los administradores, comercializadores, publicistas, vendedores, etc. Ellos activan agudamente su capacidad de supervivencia en el mercado al máximo, lo cual les hace más eficientes, a diferencia de quienes tienen un negocio estable. Ellos, inconscientemente, se duermen y se vuelven más pasivos por la misma seguridad que tienen.

Compara a un venado cuando come plácidamente entre los pastos: Su corazón está tranquilo, a diferencia de cuando es perseguido por el depredador. Su corazón, ojos, oído y sistema nervioso están tan agudizados, que cualquier ruido le hace moverse.

Cuando compramos un seguro de vida, estamos poniendo pasividad a nuestra fe de prosperar. Estamos deteniendo nuestra hambre de lograr más y estamos rendidos al fracaso. Nos hemos rendido a morir, sin éxito.

No te distraigas con el proceso; enfócate en actuar

Creer es fácil si actúas como algo natural. Hay personas que han creado en sus mentes unos procesos más complicados para convencerse antes de actuar. Entiendo a esas personas y no las culpo. Las circunstancias donde han crecido les han formado de esa manera. Libras una batalla mayor con el proceso, que con el contenido. Un ejemplo: Batallas más con la ropa que te vas a poner que con el contrato que vas a firmar. Eso distrae la fe. No te fijes en las piedras del muro. La fe invita a derribar el muro. *La mentalidad de éxito debe llevarnos a actuar.*

Dirige tu fe hacia puerto seguro

Recapitulemos lo aprendido: Para garantizar el éxito, debo saber con precisión qué quiero y hacia eso voy a enfocar mis fuerzas. La fe es más clara cuando le agregamos la meta específica a nuestro sueño. Cuando sabemos a dónde vamos, es entonces que la fe realmente puede trabajar. Estarás notando que el círculo se cierra; el Sueño en realidad es Fe, porque la fe tiene la certeza de lo que se espera (la certeza del Sueño).

Lo que voy a decir hará que algunos tengan la misma mentalidad de aquel joven al que despidieron de su trabajo: «Ya sabía que me iban a correr, por eso no me esforcé» y, por el contrario, quien puso empeño y no lo corrieron dijo: «Ya sabía que NO me iban a despedir». La fe de ellos—sin darse cuenta—estaba expresada en sus pensamientos y actitudes. Por tanto, la fe no es ciega como el amor: La fe sabe a dónde va y sabe qué debe obedecer u obrar en ese sentido para lograrlo; en otras palabras, la sangre que corre por las venas de los que tienen fe se llama diligencia. Sí, amigo; diligencia debe ser el color de la sangre de nuestras venas cuando tenemos fe.

La fe también es inteligente porque sabe lo que va a alcanzar. El «¿Qué alcanzar?» (El Sueño) debo conocerlo, y da dirección a mi «¿Qué hacer?», el cual SÍ está en mis manos, el alinearme hacia la meta. La única manera de saber si mis pasos me llevarán al éxito es el saber dónde está mi éxito y revisar que mis pasos se dirijan hacia esa dirección.

La unidad de la mentalidad de éxito

Entonces, lo que hago debe tener relación con lo que espero. Si no estoy trabajando para ello, no habrá éxito. No trabajar para ello es igual que usar un método que no sirve. Debo orientar el sistema, debo re-direccionarlo para que garantice mi cosecha. No dejes que una sola barrera del éxito se interponga. Cualquiera de ellas te puede robar tu éxito. La mentalidad de éxito trabaja en unidad. No esperes crecimiento de tu negocio, si no estás invirtiendo tiempo y esfuerzo para ello. No esperes que tu negocio venda más, si no estás invirtiendo en publicidad. No olvides que lo que estás haciendo, ayuda a lograr la meta.

Haz que suceda

En pocas palabras, hay que hacer que suceda. ¿Quieres que tu grupo crezca? Invita a personas a escuchar de él. No sólo debemos creer que puede crecer, sino debo hacerlo crecer. No sólo pensar mentalmente que se puede, sino hacerlo. No solo declarar con la boca lo que va a suceder, sino hacer que suceda. ¿Quieres graduarte de una universidad? Haz que suceda. No sólo lo pienses y lo digas: actúa en esa dirección.

Esperar y no titubear es clave

Una vez que has empezado, no te detengas. Titubear es perder el equilibrio, como el hombre que camina en la cuerda floja. La duda nos hace balancearnos, pero no caer. *Rendirnos* nos hará caer. Aceptar la duda con la mente es dejar que los recuerdos negativos empiecen a tomar dominio de nuestros pensamientos, y cuando sucede eso, la imaginación de lo peor empiezan a surgir, afectando nuestras palabras y actitudes. No olvides sustituir tus pensamientos rápidamente. Debemos detener a la mente cuando la duda se presente. Recuerda sustituir tus pensamientos. La duda de «¡Tal vez fracaso!» hace perder el equilibrio de la mentalidad de éxito. El pensamiento de fracaso atacará más al dudar, porque en ese momento, se es vulnerable. Es más fácil hacer caer a quien está luchando por balancearse, porque su mente se ocupa en autoequilibrarse y no piensa en cuidarse del ataque. No olvidemos que nuestra mente sólo puede tener un pensamiento a la vez, como una banda de producción en línea tan delgada que sólo cabe un pensamiento a la vez: *el pensamiento activo*. Cuando estés dudando, te van a venir más dudas. No permitas que esa duda crezca o se volverá una bola de nieve.

Eso es seguridad, eso es confianza firme; eso es una mente invencible. Por tanto, te puedo decir que cuando tus fuerzas mentales se acaben, recuerda que: Tú fuiste creado con un diseño para vencer, con «fuerzas como las del búfalo» dijo un rey llamado David, quien sabía que Dios, su creador, lo diseñó para el éxito:

...pero tú aumentarás mis fuerzas como las del búfalo...

¿Sabes por qué dice las fuerzas como del búfalo? Porque al principio de este libro, te dije que el búfalo no se deja poner el *yugo* (las derrotas pasadas). La relación no es coincidencia; cuando hay un yugo sobre ti, se requiere mentalidad de búfalo para ser libre, no mentalidad de buey. Recuerdas que pregunté al principio, ¿Por qué no usas el búfalo para ponerle el yugo? Porque no se deja.

Cuando tu mentalidad es de vencedor, nunca volverás a dejar que el yugo del temor y del «no se puede» vuelva a atar tu mentalidad

El liderazgo

Ser líder es prepararte mentalmente para serlo, no sólo desear ser líder. Hay que prepararnos para ser líderes y demostrarlo, sea en una casa o en el campo, en la cárcel o en el palacio—donde sea. Escucha esto: Un líder se prepara en su mente y corazón, antes de tener el puesto de liderazgo. Haz lo mismo: Prepárate de mente y corazón, para cuando se presente la oportunidad, sólo haya que demostrarlo.

Estar listo para ser exitoso es ser líder—en tu mente y corazón—incluso antes de tomar el cargo

Prepárate para ser grande. Ser líder se demuestra con o sin cargo. El que es líder siempre lo será, sin importar dónde lo coloquen; ahí será líder. Un líder no dice: «Cuando sea gerente, entonces me voy a esmerar». ¡Claro que no! Siempre muestra una actitud de líder.

Primero se es líder en la mente y en el corazón y después en el exterior

Algunos presos en la cárcel dicen: «Cuando salga de esta prisión, voy a ser diferente». No, amigo. Debes empezar a ser diferente ahí donde estás. Un líder lo es dentro y fuera de la cárcel. No digas: «Si me pagan más por hora, me voy a esmerar». No. Con lo que hoy te pagan, échale todas las ganas. Quien está listo para ganar, actúa como ganador; quien está listo para ser rico, actúa como rico. No esperes a tener la posesión o cargo para actuar como tal: *Ya lo eres*. Si quieres ser exitoso y rico, *empieza por demostrártelo a ti mismo,* lo cual significa que vencerás las barreras del éxito.

CAPÍTULO 9

Trabajo en equipo

Trabajo en equipo

«Si quieres llegar rápido, camina solo;
si quieres llegar lejos, camina en equipo.»

(proverbio africano)

Hemos llegado al final de nuestro recorrido por los 7 pasos del éxito y para cerrar el círculo de lo aprendido a través de estas páginas, no podía dejar fuera la importancia del trabajo en equipo.

¿Te has preguntado, alguna vez, en medio del cansancio y la desesperación de una ardua tarea lo bien que te caería algo de ayuda? Pero resulta que a aquéllos bien intencionados que deseaban darte una mano con tal proyecto, simplemente les respondiste: «gracias, no» porque no tienes la costumbre de recibir ayuda o porque simplemente no puedes delegar tareas.

El trabajo en equipo—si hubieras aceptado la ayuda ofrecida—te hubiera dado la oportunidad de gozar de grata compañía (familiares, socios o amigos), terminar en un tiempo mucho menor y disfrutar de un tiempo libre bien merecido. Sin embargo, optaste por lo contrario. Te sientes agotado, de muy mal humor y sin otra persona con quien compartir puntos de vista o dudas acerca de lo que estás haciendo.

Quise abordar este importante tema porque soy mexicano y cuando analizo a mi raza en este país—los Estados Unidos—noto con tristeza que no contamos con la cultura del trabajo en equipo. Somos una raza de trabajo que raya en el sacrificio, tenenos la capacidad de cumplir con dos y hasta tres trabajos durante la semana, pero la mayoría de nosotros, acostumbrados a ser lobos solitarios. Cumplimos con esas largas jornadas para proveer a nuestras familias, pero caminamos solos por esa ruta en la que preferimos callar y obedecer, porque es más fácil que intentar algo para cumplir el sueño. Nos amarga e insulta que un compatriota logre comprar una casa o un auto nuevo, cuando es algo que todos podemos lograr porque TODOS estamos diseñados para el éxito.

El trabajo en equipo brinda las siguientes victorias importantes: estimula, inhibe la timidez, da impulso a la creatividad, anima al compañerismo, a la lealtad y la entrega. Sin contar que la contribución de cada uno de sus integrantes a ese fin o meta deja a todos una experiencia renovadora de haber logrado algo importante. También ofrece otra recompensa: Haces nuevos amigos que puede que compartan tus mismos ideales y quien lo sabe, que el día de mañana puedan convertirse en tus socios de negocios.

Puedes empezar desde el seno familiar.

Reunirte con tu esposa(o) hablar de lo que siempre has soñado hacer e igualmente, compartirlo con tus hijos. Esa es otra manera de lograr tu sueño, obteniendo cooperación de familiares y amigos para lograrlo y te va a sorprender cuánta ayuda vas a obtener porque, por diseño, los seres humanos estamos hechos para emprender grandes logros, tanto de forma personal como en equipo.

Por lo tanto, el éxito significa un cambio de mentalidad y actitud individual, pero también comprende el trabajar en equipo para que ese éxito se convierta en un bien común.

La importancia de trabajar en equipo se ha demostrado, a través de la historia, en grandes obras que no hubieran sido posibles, si las mentes creativas y exitosas de un puñado de hombres no se hubieran unido para lograrlas y que ahora forman parte de nuestra historia y patrimonio de la humanidad.

«Más valen dos que uno solo, pues tienen mejor remuneración por su trabajo. Porque si uno de

ellos cae, el otro levantará a su compañero; pero ¡ay del que cae cuando no hay otro que lo levante!» (Eclesiastés 4.9-10)

CONCLUSIÓN

Hemos llegado al final y tengo la fe de que lo que he compartido con ustedes, amables lectores, sea como un bálsamo de esperanza para quienes han vivido en el temor al creer que los sueños son irrealizables. No hay barreras para la mente humana, si lo concibes, puedes lograrlo.

Deseo, por último, darte este ejemplo de lo que cada cual, en su diseño puede lograr. Ahora imagina lo que puedes lograr tú con ese diseño perfecto y hecho a la semejanza de Dios.

Un caballo promedio puede jalar una carreta de unos mil kilos. Si unimos a dos caballos para jalar una carreta juntos, pensaríamos que podrán lograr 2.000 kilos. Sin embargo, no es así: pueden jalar casi 2.800 kilos. ¿Qué hace que unidos puedan jalar más? El diseño. Igualmente, un pato podría volar unas 100 millas si lo hace solo, pero unido a un grupo, puede volar 800 millas en el mismo tiempo. ¿Te das cuenta de la maravilla de estas criaturas de la naturaleza?

Ese es un principio de trabajo de equipo. Lo que hagas solo, siempre será menor a lo que logres personalmente cuando eres parte de un equipo. Cuando entiendes el poder del diseño de trabajar en equipo y aceptas tu participación en ese grupo, has llegado a la sabiduría de la asignación, la cual consiste en identificar tus mejores habilidades y aprovecharlas para tu éxito. Trabajar en equipo es aprovechar las mejores habilidades de mis compañeros. Una mentalidad egoísta es pensar: «Me están usando para su beneficio». Esa mentalidad estorba. Mejor míralo así: «Voy a usar lo mejor de diez personas a mi favor, con el sacrificio de que ellos me usen a mí». Tú usas diez a tu favor y ellos sólo a uno, eso es tener óptica de grupo.

A todos nos tocará ganar

En un equipo de futbol, todos quieren meter el «gol», pero no todos lo hacen. Sin embargo, cuando ganan, todos son campeones. Se vería absurdo que todos fueran a jugar al mismo lugar de la cancha. Estarían desaprovechando las habilidades de los demás. Debemos aceptar nuestra participación en el equipo. Todos queremos el éxito, pero llega a unos primero y luego a otros. No te detengas porque otro lo logró y tú no. De hecho, deberías alegrarte y preguntarle qué hizo, para que tú hagas lo mismo.

Yo soy mexicano, y cuando analizo a mi raza en este país—Estados Unidos—me doy cuenta de que no sabemos trabajar en equipo. A muchos latinos no nos gusta ver que otro logra el éxito antes que nosotros y preferimos que todos sigamos pobres, en lugar de ver a nuestro hermano o amigo enriquecerse primero que nosotros. Algunas culturas orientales son mucho más cooperativas al ayudarse entre ellos; debemos aprender a hacerlo. Retomando el ejemplo de los patos, debemos saber que forman un equipo para llegar más lejos. Volando en forma de «V» avanzan distancias que no lograrían por separado. Aprendamos de ellos y seamos parte de un grupo donde ayudemos a otros a crecer y luego también nosotros mismos recibiremos ayuda.

En algunos momentos, un pato toma la delantera y recibe toda la resistencia del viento. Ser el líder no es un asunto de orgullo, es un asunto de valentía. Quien está al frente, se cansa más que los que vienen atrás. Si has deseado ser el dueño de la empresa donde trabajas, no está mal que lo sueñes, sólo entérate que al principio no es fácil, que esas personas, cuando empezaron ese negocio, tuvieron que invertir más tiempo, más esfuerzo, más desgaste y más riesgo. Como empresario que soy, muchas veces platicando con otros colegas, hemos llegado a la conclusión de que a los empleados no les importa cuánto ganaste o perdiste ese mes, ellos quieren su cheque.

Muchas empresas han nacido cuando el dueño sacrifica y no gana; esa etapa se llama *tiempo de siembra*. Debes poner en tu mente que otros ganarán antes que tú, pero no significa que tú no lo harás. Trabajar en equipo es parte de nuestro diseño. Qué aburrido sería si todos hiciéramos lo mismo o que todos pensáramos igual. Siempre debemos respetar al líder y después tú lo serás también.

Todos somos iguales

Algunas personas creen que son superiores a las demás, con base en el dinero que poseen o su formación. Sin embargo, un mosquito que viene a picar a los humanos nos demuestra que somos iguales. Cuando el mosquito busca una víctima, no percibe ninguna diferencia entre el patrón y el peón. Para él son iguales. Ahora, si para un mosquito todos somos iguales, definitivamente sí lo somos. En todos nosotros corre sangre roja y nadie tiene sangre azul. Si no me crees, pregúntaselo al mosquito.

Por tanto, *¡atrévete!* Pues tu diseño es suficiente para que seas exitoso.

Cuida tus pensamientos, pues recuerda que son ellos los que te guían, y trabaja en reforzar que tus palabras siempre estén alineadas a esos pensamientos de fe, y por último, súmale las acciones en el mismo propósito y nada detendrá tu éxito. No trates de cambiar tu vida por fuera; recuerda que debes cambiar de adentro hacia afuera. No será de la noche a la mañana, pero si te enfocas, verás resultados. Tu servidor ha aplicado y vivido cada frase y principio aquí presentado y los beneficios no solo han sido en el bienestar emocional, sino también en el factor económico. Por tanto, te deseo que Dios bendiga cada esfuerzo que hagas en pro de tu bienestar familiar, es decir, que prosperes en todas las cosas.

Recibe un fuerte abrazo y mis mejores deseos para ti y tu familia.